W0197424

novum premium

Lara Bernardi

Die Schlüssel für dein glückliches Sein

novum premium

www.novumverlag.com

Bibliografische Information
der Deutschen Nationalbibliothek:

Die Deutsche Nationalbibliothek
verzeichnet diese Publikation in
der Deutschen Nationalbibliografie.
Detaillierte bibliografische Daten
sind im Internet über
http://www.d-nb.de abrufbar.

© 2016 novum Verlag

ISBN 978-3-903067-62-2
Lektorat: Stefanie Krüger
Umschlagfoto: Lara Bernardi
Umschlaggestaltung, Layout & Satz:
novum Verlag
Innenabbildungen: Lara Bernardi (8)

Gedruckt in der Europäischen Union
auf umweltfreundlichem, chlor- und
säurefrei gebleichtem Papier.

www.novumverlag.com

INHALTSVERZEICHNIS

VORWORT

Erkenne, dass alles Glück der Welt in deinem Herzen liegt. Je mehr Aufmerksamkeit und Achtsamkeit du an den Tag legst, indem du zum Beispiel tief und bewusst atmest, desto besser kannst du bei dir sein. Tauche immer wieder in die Tiefe deines Herzens, deinen inneren Tempel, ein. Spüre die Kraft, die Ruhe, die Liebe, die dieser ruhende Pol in dir trägt. Hier erhältst du Antworten auf all deine Fragen.

Mit diesem Buch hast du Schlüssel in der Hand, welche dich wie ein Phönix aus der Asche emporsteigen lassen. Du kannst das Buch wie ein Kartenset nutzen. Schlage zum Beispiel täglich spontan eine Seite auf und lies, was dort geschrieben steht. Lass das Geschriebene wirken, sodass es sich bei dir integriert und dir den Weg zum Erfolg zeigt. Dadurch wird dein Leben genau so, wie du es dir schon immer gewünscht hast.

Dieses Buch führt dich noch mehr in deine Liebe und unterstützt dich in deinem Bewusstsein. Du nimmst deine Herzenswünsche immer mehr wahr und verwirklichst sie, indem du durch bewusstes Sein dein Leben selber kreierst. Du weißt, dass du der Schöpfer deines Lebens bist und du schöpfst es durch deine Gedanken, deine Worte und deine Taten. Du hast dich durch die vielen Jahre der Entwicklung auf verschiedene Stufen begeben und hast immer wieder gemerkt, dass doch alte Themen wiederkommen? Ja, weshalb: Wenn du weiterhin von dem redest, was du dir nicht wünschst und deine Gedanken auf das richtest, was du nicht haben möchtest, was bekommst du dann? Genau das Unerwünschte. Deshalb ist es nun an der Zeit, deine Kräfte auf das Gewünschte auszurichten. Denke, rede und handle so, wie du sein möchtest. Wie ein Magnet, ich nenne es energetisches Marketing, ziehst du dann das an, was du dir wünschst. Du erhältst das Auto, den Partner, den Reichtum, die Liebe, die Ruhe, die Kraft, die Gesundheit, den Körper etc., den du dir wünschst. So einfach ist es. Beginne noch heute. Es ist ein Training, das Freude macht, einfach im Alltag integrierbar ist und den gewünschten Erfolg bringt. Denn Er-Folg ist das, was auf einen Gedanken, ein Wort, eine Tat folgt. Arbeite auch mit Unterstützung deiner geistigen Helfer und Führer. Sie sind jederzeit an deiner Seite und unterstützen dich, wenn du sie darum bittest. Sei achtsam mit deinen Wünschen, denn sie gehen in Er-Füllung.

Ich wünsche dir von Herzen, dass du dein wahres Potential erkennst und es auch lebst. Du bist ein wunderschönes, liebevolles, erfolgreiches, selbstbewusstes und glückliches Wesen. Lebe es jetzt!

In diesem Buch erfährst du die Kraft der Liebe in deinem Herzen. Es ist wie ein Licht, das motivierend, transformierend und anziehend wirkt. Außerdem schwingst du dein Bewusstsein auf, sodass du endlich glücklich bist.

Wünsch dir etwas und es geht in Er-Füllung …

EINLEITUNG

Lara Bernardi

Als einleitende Worte erzähle ich dir mehr zu meiner Person. Diese Geschichte soll dich inspirieren deinen Weg zu gehen, dir zu vertrauen und du selbst zu sein.

Mit rund 27 Jahren bin ich einer lieben Freundin in einer Kinesiologie-Ausbildung begegnet. Sie ist hellsichtig. Es faszinierte mich sehr, dass sie meine Aura sehen konnte. Ich sagte damals zu ihr, dass ich das bewundere. Sie meinte daraufhin: „Du bist auch hellsichtig." Okay, dachte ich. Sie sagte mir auch, dass die Wesen, welche ich in der Nacht wenn ich schlafe über mir sehe, Schattenwesen seien. Diese Wesen habe ich bereits als Kind gesehen, auch Engel. Meine Mama sagte damals, das seien Träume, heute weiß sie es auch besser. Erst durch die Aussagen dieser Freundin wurde ich mir meiner Fähigkeiten/Gaben bewusst. Ich erinnerte mich, wie ich bereits als Teenie, wenn Leute mir gegenüberstanden, genau wusste, was diese für Themen/Probleme hatten. Erst heute bin ich mir bewusst, dass das Hellhören war. Eine innere Stimme sagte mir wie ein Computer: „Dieses und jenes Thema hat dieser Mensch." Ich konnte bereits damals die Energien, welche in der Aura eines Menschen sichtbar sind, lesen. Von diesem Tag an begann für mich eine Zeit der Schulung durch meine geistigen Führer. Dies ist mein direkter Draht mit Gott und auch meinem göttlichen Teil in meinem Herzen, meinem Ich Bin. Dieser Teil in meinem Herzchakra ist immer mit Gott, der Urquelle von allem Sein, verbunden. Über diese Anbindung kann ich jegliche Informationen abrufen, wenn ich es möchte. Aus dieser Quelle schöpfte ich in den vergangenen Jahren viele spirituelle Konzepte wie zum Beispiel das BERNARDI Profile®, eine Persönlichkeits- und Potentialanalyse. Ich empfing die Idee für ein ganzheitliches Gesundheitsspiel, welches in Unternehmen und auch in privaten Haushalten eingesetzt werden kann und das Bewusstsein für ganzheitliche Gesundheitsförderungsmethoden öffnen soll. Auch die Harmoniser, Symbole, welche den Menschen in seiner Mitte und in der Mitte des Kosmos verankern, kamen aus dieser einen Quelle. Auch du bist immer an die Quelle angebunden, an den Ursprung alles Seins. Du kannst Informationen von diesem Kanal abrufen. Stelle dich auf deine Herzschwingung ein und du erhältst die Informationen, die du dir wünschst.

Immer mehr erkenne ich, dass der einzige Weg, welcher zurück in den Frieden führt, der Weg über das Herz, die Liebe ist. Tagtäglich tauche ich in meine persönliche Mitte, in mein Herzchakra in der Mitte meiner Brust ein und genieße diesen Raum. Alles wird ruhig um mich herum. Ich spüre, dass draußen viele Menschen verwirrt, depressiv, ängstlich sind und kann durch diesen Anker bei mir sein.

Seit meiner Kindheit bis zum Alter von 27 Jahren hatte ich häufig Kopfschmerzen. Meine Mama brachte mich zu verschiedenen Spezialisten. Erst durch die alternativen natürlichen Behandlungen und mein Ja zu mir und meinem Potential gingen sie fort. Der Nacken ist das Tor zum Himmel. Wenn wir im Fluss sind und uns für die göttlichen Inspirationen und die göttlichen Anteile von uns öffnen, dann fließt es im Nackenbereich.

Mit meinem heutigen Bewusstsein weiß ich, dass die neuen Krankheiten, Burn-out und Depressionen und auch viele mehr durch neue Heilmethoden geheilt werden können. Burn-out ist für mich ein Zeichen, dass ein Mensch viel Ruhe für seine spirituelle Entwicklung braucht. Er braucht Zeit, damit sich sein Körper an die Schwingungsveränderungen im Kosmos anpassen kann. Der Mensch soll sich außerdem Zeit für grundlegende Änderungen in seinem Leben nehmen. Es geht so nicht mehr weiter. Dies kann sich auf seine Lebenseinstellung und auf seine Art das Leben zu leben beziehen, wie zum Beispiel sein Arbeitstempo und seine Arbeitsdauer. Es kann auch sein, dass es Zeit ist, die bestehenden Partnerschaften (berufliche und persönliche) zu beenden. Wann die Zeit ist, das bestimmt jeder mit seinen Gedanken. Deshalb achte gut auf das, was du jeden Tag denkst. Denn es geht in Er-Füllung.

Nach meinem Betriebsökonomie-Studium an der Fachhochschule Chur, Hochschule für Technik und Wirtschaft in Chur, Schweiz, erhielt ich die Chance, dort als Projektleiterin einzusteigen. Ich startete in dieser Zeit meine Power-Yoga-Ausbildung und die Grundkurse in Kinesiologie. Früher habe ich immer gesagt, dass ich dann mit 40 Jahren mit Yoga und Meditation beginnen würde. Ich stellte jedoch rasch fest, dass in meinem Leben Stille und Einkehr angesagt waren. Dies war, wie bereits zu Beginn gesagt, der Anfang meines Bewusstwerdungsprozesses und meines Wegs zu vollkommener Gesundheit. Es folgten Ausbildungen im Bereich Coaching, energetischem Feng-Shui und einiges mehr. Heute habe ich ein eigenes Unternehmen, *BERNARDI – Zentrum der Liebe*. Ich bilde Spirituelle Lehrer aus, leiste einen Beitrag für den Bewusstwerdungsprozess der Menschen und dadurch auch für den Weltfrieden. Den das Wissen Gottes ist für alle da und es hilft allen, die offen dafür sind.

Ich lebe meine Berufung im Beruf und auch privat als Mama von drei Mädchen, die mich als Mama gewählt haben, welche sie als Spirituelle Lehrerin/Führerin der Neuen Zeit und Mama begleitet und führt. Mein Tag beginnt mit Meditationen, Gebeten und Yoga und endet auch so. Am Morgen mache ich spirituelle Beratungen für Kunden, schreibe an meinen Büchern und setzte spirituelle Ideen um. Am Nachmittag genieße ich meine Zeit mit meinen Mädels und auch viel für mich. An den Wochenenden sind Seminare und ich nehme mir auch immer wieder Zeit für mich und meinen Partner.

Meine Meditation am Morgen ist meine Wellness. Ruhige Minuten, zum Beispiel im Garten liegend und spazierenden mit meinen Mädels, sind weitere Kraftpunkte, wie auch Seminare und spannende Coachings/Healings mit Kunden. Ich liebe mein Leben und freue mich, meine Aufgaben zu erfüllen. Mit 18 Jahren durfte ich lernen, mit dem Schmerz der Welt(en) umzugehen. Als feinfühliger Mensch nehme ich noch heute die Schmerzen wahr und auch die Gedanken etc. von anderen. Ich bleibe jedoch bei mir. Ich segne immer wieder Situationen und Menschen und schicke geistige Helfer. Ich habe gelernt, mit verschiedenen Techniken mit meinen sensitiven Gaben umzugehen. Und ich wünsche mir von Herzen, dass all die Kinder der Neuen Zeit, das können auch ältere Personen sein, sie ebenfalls erkennen und sehen, was in ihnen steckt.

Ich wünsche mir von Herzen, dass die Menschen den Weg der Liebe und des ganzheitlichen Bewusstseins gehen. Wir sind ganz nahe an dieser Veränderung, denn Druck durch Krankheit und Leid bringt viele Menschen näher zu sich. Jeder kann sich entscheiden, ob er gesund sein möchte. Freude, Liebe, Gesundheit sind Geburtsrechte. Wir sind alle göttliche Wesen und dürfen uns für das Vollkommensein entscheiden.

Ich habe schon immer gewusst, dass ich Gott bin. Ich bin ein Teil/ein Energieanteil des großen Ganzen. Wir alle sind Gott und somit göttlich. Wir dürfen uns wieder daran erinnern. Er-Innern. Es ist in dir. Es ist in jedem von uns. Deshalb brauchst du Momente, in denen du dich ganz auf deinen göttlichen Kern einlässt, in der Mitte deiner Brust. Lass uns für einen Moment ganz still werden und in die Tiefe unserer Herzen eintauchen. Gemeinsam spinnen wir ein Netz von Herzverbindungen, wie die Blume des Lebens, sodass wir ein Zentrum der Liebe bilden. Nun kommunizieren wir wieder über unsere Herzen miteinander. Miteinander in Liebe und Bewusstsein.

Bewusstsein und Liebe

Zwei Menschen, Eliane und Beat, die mir Liebe und Bewusstsein wiedergebracht haben, möchte ich von Herzen danken. Durch die Begegnungen und Momente mit ihnen wurden meine Liebe und mein Bewusstsein stark aktiviert. Sie haben mir die Liebe und das Bewusstsein für ein Leben in Liebe, in Reichtum und Glück gebracht. Ich lebe nun vollumfänglich in der Meisterschaft, indem ich mein Leben meistere und manifestiere, was ich mir wünsche. Ich bin und auch du bist Schöpfer. Schöpfe dein Leben durch Liebe und Bewusstsein, wie du es dir wünschst.

Eliane kam zu mir als Coaching-Kundin. Ich war zu dieser Zeit im Umbruch. Ich absolvierte den Weg zum Spirituellen Lehrer in Frankreich. Ich hatte mich seit Langem wieder einmal auf eine Weiterbildung in Form von Seminaren eingelassen. Ansonsten wurde ich immer von meinen geistigen Lehrern und durch meine göttliche Führung in meinem Herzen geleitet. Und auch hier hat mir mein Herz gesagt, dass ich diesen Weiterbildungsprozess machen soll.

Eliane kam kurz bevor ich meinen spirituellen Namen Lara erhalten habe in ein Coaching. Jedes Coaching mit ihr war sehr spannend. Wir hatten kosmische Erkenntnisse, sahen Zusammenhänge, machten Weltheilung. Eliane ist ein Wesen der reinen Liebe, welche die Liebe auf Erden bringt. Während dieses Coachings und auch danach wurde mir immer bewusster, dass wir uns selber leben sollen und dürfen. Keiner kann unsere Liebe leben. Wir dürfen und sollen unsere Kraft, unser Wissen, unsere Liebe und auch die darin liegende Macht leben.

Im Herzen jedes Menschen liegt die Weisheit Gottes verborgen, wer wieder durch die Herztüren schreitet, hat Eintritt/Einblick in das universelle Wissen. Jetzt ist es an der Zeit, in die Ausdehnung zu gehen und die Herztüren offen zu lassen. Öffne deine Herztüren. Mach dich ganz weit und zeige dich in deiner Schönheit.

Jahrhundertelange haben viele von uns die Herztüren, ich nenne sie Tempeltüren oder Seelenflügel, verschlossen gehalten. Denn wer Energien lesen kann, kann über die Herzen der Menschen, wo ihre Seele liegt, alle Weisheiten, alles Wissen, das diese Wesen tragen, lesen. Es war ein Selbstschutz. Dieser Schutz darf nun wieder geöffnet werden. Die Herztüren sind Tore, die in den Kern, zum Ich Bin führen. Dein Ich Bin ist reines Quellbewusstsein. Es ist die Einheit mit Gott. Es wird oft auch „Gott in mir" genannt. Der Sitz des Ich Bin liegt in deinem Herzchakra. Es ist der direkte Draht zu Gott. Du hast die Kraft und Macht Gottes, um dein Leben in die Hand zu nehmen. Auch du kannst schöpfen, was du dir wünschst. Wünsch dir etwas! Die Energien um dich herum, auch Engel, Einhörner etc. genannt, sind dankend hier, um dir deine Wünsche zu erfüllen. Du kannst sie jederzeit für x-beliebige Themen um Unterstützung bitten. Ruf sie, sie hören dich. Sag ihnen, was du aus der Fülle an Möglichkeiten in deinem Leben manifestieren möchtest. Deine geistigen Helfer und Führer helfen dir bei der Er-Füllung.

Als Beat auf der Esoterik-Messe in Zürich in mein Leben trat, erkannte ich sehr rasch, was es mit bewusstem Sein/Bewusstsein auf sich hat. Er öffnete mir wieder den Weg zum Beten. Als Kind habe ich immer mit Gott gesprochen und auch immer erhalten, was ich mir gewünscht habe.

Ich war erst seit zwei Monaten aus Bali zurück, wo ich so ganz in meiner Liebe angekommen war. Ich hatte das Gefühl, dass ich nun da war, wo ich schon immer sein wollte. Ich kam mir vor wie ein Buddha und fühlte mich auch sehr wohl in diesem Seinszustand. Als ich wieder in der westlichen Welt, in der Schweiz ankam, merkte ich rasch, dass die Energien hier einen anderen Seinszustand fordern, damit ich mein Wesen voll und ganz auf der Erde entfalten kann. Durch die Gebete, wie zum Beispiel das Merkaba-Gebet, in dem ich meinen Lichtkörper stärke, habe ich wieder an Stärke gewonnen. Das Merkaba-Gebet ist Teil des Lichtkörperprozesses und auch der Ausbildung zum Spirituellen Berater, die ich jährlich durchführe.

Mein Herz ist immer noch geöffnet. Ich kann jedoch auch wie ein normaler Mensch in Menschenmassen sein und Geld verdienen, d.h. meinen Job machen. Ich habe jetzt gelernt, mit meinen Füßen ganz auf dem Boden zu stehen. Ich erde mich täglich bewusst und atme tief und bewusst in meinen physischen Körper. Ich habe gelernt, dass ich mit meiner Gedankenkraft enorme Kräfte freisetzen kann und dass ich auch ganz viele Male Nein sagen darf, wenn etwas für mich nicht stimmig ist. Mit jedem Nein entsteht ein Ja für mich.

Jeden Tag sage ich neu Ja zu mir, meinem Leben, meinem Sein, meiner Aufgabe, die ich hier umsetze. Tag für Tag schaue ich, dass ich genügend Zeit für Ruhe/Meditation habe und auch die Zeit mit meinen Mädels und meinem Partner genießen kann. Ich freue mich täglich, wenn ich schöne Begegnungen mit Kunden oder Menschen auf der Straße habe.

Gib auch du dir ein Ja. Ein Ja für dein Sein, dein Potential und schau, wie du es hier auf der Erde leben möchtest. Du hast täglich die Wahl, dich neu zu erfinden. Manifestiere mit deinem Bewusstsein das, was du dir von Herzen wünschst. Lache wie ein Kind, tanze, wenn es dir danach ist, oder lege dich hin, wenn du Ruhe brauchst. Höre auf dein Inneres, dein Herzchakra weißt dir den Weg.

Ich freue mich, dich in deinem Lichtkörperprozess zu begleiten und dir die Gesetze der Manifestation näherzubringen. Es ist ein wunderschöner Weg. Lass uns jetzt darin eintauchen.

ICH BIN

Ich Bin ist der Name Gottes, der immer in dir weilt. Der Sitz des Ich Bin liegt in deinem Herzchakra, in der Mitte deiner Brust. Es ist der urgöttliche Anteil, der immer in der Einheit Gottes gelebt hat. Dinge, die du in deinem Ich Bin empfängst, sind ganz rein. Sie haben den direkten Draht zu Gott. Es gibt auch Menschen, die zu dem Ich Bin „Gott in mir" sagen. Die Informationen aus dem Ich Bin empfängst du über deine innere Stimme. Sie sagt dir oftmals ganz leise, was du essen sollst, wie du dich jetzt in einer gewissen Situation verhalten sollst. Immer, wenn du „ich bin" sagst, dann sprichst du als Schöpfer. Es ist der Schlüssel der Manifestation auf Erden.

Da du Gott bist, legst du mit jedem Wort, jeder Tat jeden Tag neu deine Ausrichtung und somit deinen Lebensweg fest. Durch bewusstes Manifestieren, vgl. das Kapitel „Bewusstsein – Manifestation", geht dein Leben in die Richtung, die du dir wünschst. Die Neue Zeit ist so kinderleicht und du kannst ein Leben wie ein Kind führen. Bereits Jesus sagte: „Werdet wieder wie Kinder." Wenn du lernst, den Augenblick zu genießen, ganz im Augenblick zu sein, dann bist du ganz bei dir.

Dein Ich Bin ist eine Sonne in deinem Herzen. Sie strahlt in der Farbe der Quelle. In deiner Aura sind die Farben deines Wesens, wie du es lebst, gespeichert. Jede Seele hat den urgöttlichen Gott des Einheitsbewusstseins in sich. Jeder Mensch weiß tief in seinem Herzen, was Friede, Liebe, Gerechtigkeit bedeutet. Jeder Mensch kennt seinen Ursprung.

Immer, wenn du dir Zeit nimmst, ganz in der Stille zu sein, sei es nur eine Minute, dann kann Gott in dir mit dir reden. Hier findest du alle Antworten. Frag dein Ich Bin, dann antwortet dir dein Gott in dir und hilft dir.

Sicher kennst du das Zitat: „Man sieht nur mit dem Herzen gut." Ich sage dir: Schaue mit deinem Herzen und nutze dein Bewusstsein, indem du dir das Leben erschaffst, dass du dir schon immer gewünscht hast. Den Himmel auf Erden gibt es. Erschaffe ihn dir täglich. Bleib mit viel Ausdauer, Beharrlichkeit, Motivation und Vertrauen auf deinem Weg. Es lohnt sich.

Über das Gebet „Lieber göttlicher Vater, liebe göttliche Mutter" kannst du dein Ich Bin und deine göttliche Anbindung stärken. Wenn du möchtest, dann verwende für „göttlicher Vater" und „göttliche Mutter" den Begriff „Gott". Wähle selber, was dir mehr entspricht. Wichtig ist, dass Gott sowohl den göttlichen Vater als auch die göttliche Mutter beinhaltet.

Gebet „Lieber göttlicher Vater, liebe göttliche Mutter"
Lieber göttlicher Vater, liebe göttliche Mutter, gelobt seid ihr im Himmel und auf Erden. Ich liebe euch über alles, wie auch ihr mich über alles liebt. Euer Reich ist der Himmel und die Erde. Euer und mein Wille ist eins. Ich bin eins mit euch.

Zeigt mir den Weg in die Vollendung. Nehmt mir alle Ängste, Sorgen und Beschränkungen. Helft mir euer Reich zu schauen, jeden Tag, jeden Moment. Denn euer ist das ewige Reich, der ewige Reichtum, das ewige Licht, die ewige Liebe, der ewige Schutz, die ewige Freude und der ewige Friede.

Lasst mich jetzt vollständig in euer Sein eintreten und mein Ich Bin leben. Ich Bin ist der Name Gottes, der immer in mir weilt.

Ich bin du. Du bist ich. Wir sind eins.

Om namah shivaya (Herr, dein Wille geschehe).

Chakren

Viele Jahre haben sich die Lehren auf die sieben Hauptchakren konzentriert. Diese sieben Tore sind wichtige Öffnungen für deine Weiterentwicklung. Dein Wesen hat jedoch unendliche viele Chakren. Sie reichen in den Himmel weit über die Quelle hinaus und tief hinunter bis ins Herzchakra von Mutter Erde. Die Verbindung zur Mutter Erde und zur Quelle eröffnen dir neue Ebenen, andere Energien, höhere Schwingungen. Bist du mit Himmel und Erde wie über einen reinen klaren Kanal verbunden, so hast du die Chance, dein gesamtes göttliches Potential auf der Erde zu leben. Du kannst dir den Himmel auf der Erde manifestieren. Es fließen reine Energien wie zum Beispiel Liebe und Weisheit durch dich. Dadurch bist du ein Lichtblick für andere Menschen. Sei Licht, dann bist du heil, sei du, dann bist du glücklich, denn dann lebst du, was du schon immer warst. Du lebst, was du immer sein wirst.

Erde dich täglich, indem du deine Chakren von den Füßen abwärts bis in das Herz von Mutter Erde atmest. Sei ein reiner göttlicher Kanal. Richte dich über deine Atmung auch täglich auf die Quelle (Gott) aus, indem du den Kanal auch über deinen Kopf hinaus bis zur Quelle durchatmest. So sind die Chakren über deinem Kopf lichtvoll und aktiviert. Reinige alle deine Chakren täglich durch die Chakra-Atmung. Es ist wo wichtig wie das Zähneputzen.

Verbindung mit Mutter Erde und der Quelle

1. Atme Prana wie folgt ein und aus: Mit der Zunge den unteren Gaumen gleich unterhalb der Zähne leicht berühren. Dein Mund ist leicht geöffnet. Über den Mund ein- und ausatmen (so, dass der Atem wie der Ozean klingt). Die Zunge berührt während der gesamten Atmung den unteren Gaumen.

2. Stelle über die Prana-Atmung die Verbindung zum Herzchakra von Mutter Erde und der Quelle von allem Sein her:
   Bewusst über die Füße und deinen Kopf mit dem Atem Gottes
   verbinden (Prana-Atmung machen). Du atmest beim Ein-
   atmen gleichzeitig durch deinen Körper hinunter zur Mutter
   Erde und über deinen Kopf hinaus zur Quelle von allem
   Sein (Zentralsonne) – vgl. Grafik. Beim Ausatmen atmest du
   gleichzeitig das Prana von Mutter Erde und von der Quelle
   in deinen Körper hinein.

Quelle

Mutter
Erde

3. Ins Herzchakra gehen und mit der Urquelle und dem Herz
   von Mutter Erde verbinden. Liebe, Licht und Frieden von
   der Urquelle und von Mutter Erde in den physischen Körper
   einströmen lassen.

Nachfolgend findest du ein Überblick über die sieben Haupt-chakren, wenn du dich in dieses Wissen vertiefen möchtest. Die Chakren verbinden die feinstofflichen Körper mit dem physi-schen. Der Begriff „Chakren" stammt aus dem Sanskrit und be-deutet „Rad". Sie sind deine persönlichen Energiezentren, in denen deine individuellen Themen gespeichert sind. Über deine Chakren werden deine Nervenbahnen mit Licht versorgt. Licht ist die Hauptnahrung deiner Nerven. Fühlst du dich genervt, dann atme tief und bewusst in deine Chakren und du wirst die Dinge aus einem anderen Licht betrachten können.

Die Energiezentren befinden sich in einem gleichmäßigen Ab-stand verteilt vom Steißbein bis zum Kopfende (Fontanelle). Sie haben unterschiedliche Funktionen. Außerdem wird jedem Chakra eine Farbe zugeordnet:

Wurzelchakra

Lage: Das erste Energiezentrum liegt zwischen deinem Anus und deinen Genitalien und ist mit dem Steißbein verbunden.

Klassische Chakra-Farbe: Rot (Gelb)

Harmonische Funktion: Ist dieser Bereich in Balance, fühlst du dich sicher, stabil und voller Lebenskraft. Du stehst mit beiden Beinen fest auf dem Boden. Außerdem besitzt du Urvertrauen und bist mit dir selbst im Einklang.

Disharmonische Funktion: Das Denken und Handeln kreist hauptsächlich um materiellen Besitz und Sicherheit. Loslassen fällt schwer. Festhalten an Altem.

Hinweis: Ideen brauchen Boden, deshalb ist es wichtig, mit beiden Beinen auf der Erde zu stehen. Ein bewusster Spaziergang in der Natur, Sport und liebevoller Sex haben positive Auswirkungen auf dein Wurzelchakra.

Nabelchakra

Lage: Das zweite Zentrum befindet sich etwa zwei Fingerbreit unterhalb deines Bauchnabels. Es ist mit dem Kreuzbein verbunden.

Klassische Chakra-Farbe: Orange (Rosa, wenn die Liebe aus dem Herzchakra permanent in dieses Zentrum einströmt)

Harmonische Funktion: Ist dieses Zentrum in Balance, verlaufen deine beruflichen und persönlichen Partnerschaften harmonisch. Das Geben und Nehmen ist ausgeglichen.

Disharmonische Funktion: Bei einer Disharmonie geht eine Person immer wieder private oder berufliche Partnerschaften ein, die für sie nicht stimmig sind. Es entstehen Unsicherheiten und Spannungen.

Hinweis: Studierende befinden sich während ihres Studiums sehr oft auf dieser Ebene. Es handelt sich bei ihnen um das Aufnehmen, Verarbeiten und Abgeben von Lernstoff. Auch ein Arbeitsverhältnis hat Auswirkungen auf diesen Bereich. Ein Arbeitnehmer gibt Leistung und Ideen gegen Lohn an ein Unternehmen. Es ist wichtig, dass das Geben und Nehmen im Einklang ist und eine Win-Win-Situation herrscht. Wertschätzung, d. h., wie viel ein Mensch auf materieller und immaterieller Ebene für seine Arbeit erhält, hat harmonisierende Wirkung auf das zweite Energiezentrum. Die Frage der Wertschätzung und des Ausgleichs ist in jeder Art von Partnerschaft wichtig.

Solarplexus

Lage: Das dritte Energiezentrum befindet sich unterhalb deines Rippenbogens, zwischen Brustbeinende und Bauchnabel.

Klassische Chakra-Farbe: Gelb

Harmonische Funktion: Ist dieser Bereich ausgeglichen, verspürst du viel Kraft und Vitalität. Du nimmst die Gefühle und Eigenarten von dir und anderen Menschen an und akzeptierst sie. Du bist im Einklang mit dir und der Welt.

Disharmonische Funktion: Ist dieser Bereich nicht in Balance, neigt der Mensch zur Manipulation. Er übt Macht aus und möchte alles in seinem Sinn beeinflussen.

Hinweis: Das dritte Energiezentrum ist dein Kraftzentrum. Es ist deine innere Sonne. Das bewusste und wohldosierte Sonnentanken hat harmonisierende Wirkung auf diesen Bereich.

Herzchakra

Lage: Das vierte Energiezentrum liegt auf der Höhe deines Herzens, in der Mitte deiner Brust.

Klassische Chakra-Farbe: Grün (Rosa, Gold)

Harmonische Funktion: Ist dieses Zentrum in Balance, strömst du Liebe und Harmonie für dich und andere aus. Menschen und Tiere fühlen sich in deiner Gegenwart wohl.

Disharmonische Funktion: Ist dieser Bereich verschlossen, grenzt sich der Mensch von anderen ab. Durch seine Schutzmauer wirkt er reserviert und kühl nach außen.

Hinweis: Besonders Manager sind in diesem Bereich verschlossen. Es handelt sich um einen Selbstschutz, der sie jedoch auch von sich selbst entfernt. Die bedingungslose Hingabe und Öffnung in einer Partnerschaft kann diese Ebene ausgleichen. Die Liebe hat auch eine allgemeine Heilwirkung. Es ist wissenschaftlich erwiesen, dass kranke Menschen, die viel Liebe erhalten, schneller gesund werden als andere.

Kehlkopfchakra (dritter Kreis von rechts)

Lage: Das fünfte Energiezentrum befindet sich zwischen Halsgrube und Kehlkopf und ist mit dem Nacken verbunden.
Klassische Chakra-Farbe: Blau
Harmonische Funktion: Befindet sich dieser Bereich in Balance, ist der Mensch ausdrucksfähig, kommunikativ und kreativ. Außerdem besitzt er eine individuelle Ausdrucksform.
Disharmonische Funktion: Bei Disharmonie fällt es dem Menschen schwer, seine Gefühle und Gedanken mitzuteilen. Gestaute Emotionen werden unkontrolliert herausgelassen.
Hinweis: Die Entwicklung dieses Energiezentrums ist vor allem in den Bereichen Marketing und Verkauf wichtig. Muss sich ein Mensch räuspern oder spürt er ein Kratzen im Hals deutet das oft darauf hin, dass etwas mitgeteilt werden sollte.
Die persönlichen Gefühle, Gedanken und Visionen niederzuschreiben, hat harmonisierende Wirkung auf dieses Energiezentrum. Auch das Betrachten eines strahlend blauen Himmels bringt den Halsbereich ins Gleichgewicht.

Drittes Auge

Lage: Das sechste Energiezentrum befindet sich zwischen den Augenbrauen in der Mitte, dort, wo sich die Inder einen roten Punkt hinmalen.
Klassische Chakra-Farbe: Violett

Harmonische Funktion: Ist dieses Energiezentrum in Balance, verfügt der Mensch über einen wachen Verstand und ist ein guter Denker. Oftmals ist er visuell veranlagt und hat die Fähigkeit, durch seine mentalen Kräfte seine Ziele und Visionen zu verwirklichen.

Disharmonische Funktion: Besteht eine Disharmonie auf dieser Ebene, ist der Mensch „kopflastig". Er lebt über den Verstand und versucht, alles über diese Ebene zu regeln.

Hinweis: Manager sind oft „kopflastig" und versuchen, auch ihre Gefühle über den Verstand zu leben. Einzutauchen in ein Schaumbad oder eine Massage bewusst zu genießen gleicht das sechste Energiezentrum aus. Die mentale Ebene und der Gefühlsbereich können miteinander verbunden und ausgeglichen werden, indem die Stirn mit der einen Hand und der Bauchnabel mit der anderen gehalten werden.

Kronenchakra

Lage: Das siebte Energiezentrum befindet sich am Scheitel des Kopfes, auf der Höhe der Fontanelle.

Klassische Chakra-Farbe: Weiß oder Violett

Harmonische Funktion: Ist dieser Bereich entwickelt, ist der Mensch innovativ und ideenreich. Das reine göttliche Licht kann in seinen physischen Körper einströmen. Je mehr dieses Chakra geöffnet ist, desto weniger lässt sich der Mensch von seinen Emotionen und Gedanken mitreißen.

Disharmonische Funktion: Ist dieser Bereich wenig entwickelt, fehlt dem Menschen eine ganzheitliche Betrachtungsweise.

Hinweis: Ideen haben ihren Ursprung in diesem Bereich. Die Öffnung, zu der sie hineinfließen, kann als Trichter visualisiert werden. Je weiter die Öffnung ist, desto mehr Inspiration erhält der Mensch. Die Öffnung kann man sich als Lotusblüte vorstellen.

Chakra-Atmung

Damit du wieder ganz aus deinem Herzen herauslebst, werden alle deine Chakren mit deinem Herzchakra verbunden. So kannst du über dein Herzchakra den goldenen Mittelweg gehen. Du hörst in dein Herz und erhältst hier deine Antworten. Immer wenn du Antworten haben möchtest, horche in dein Herzchakra hinein.

Tauche mit deinem Bewusstsein wie mit einem Lift von der Stirn hinunter ins Herzchakra. Verbinde dich über deine Atmung mit der Quelle und dem Herzchakra von Mutter Erde. Atme dazu ein paar Mal deine Chakren vom Herzchakra abwärts zur Mutter Erde durch und dann hoch zur Quelle. Atme reines Prana (Lebenskraft) ein, indem du durch deinen Mund ein- und ausatmest. Mit der Zunge berührst du die Stelle leicht unterhalb von deinen Zähnen (unterer Gaumen). Dehne jetzt deine eigene Liebe im Herzchakra aus, indem du deinen inneren Tempel zugänglich machst. Öffne dazu deinen rechten und deinen linken Lungenflügel und zünde die Kerzen in deinem Tempel an. Eine Kerze ist in deiner rechten, eine in deiner linken Brust und eine in deinem Herzchakra. Atme nun immer über dein Herzchakra. Atme Prana und Liebe in all deinen Chakren. Beginne vom Herzchakra aus und atme dreimal bewusst nach hinten und nach vorne. Dazu kannst du dir einen Kanal bei jedem Chakra vorstellen, die eine Öffnung geht zum Vorderkörper heraus und der Kanal geht auch zur Wirbelsäule nach hinten hinaus. Wie ein Schornsteinfeger, der den Kamin sauber macht, werden jetzt deine Chakren komplett gereinigt. Atme Prana und Liebe in deinen Solarplexus (immer drei Atemzüge), dann in dein Nabelchakra, anschließend in dein Wurzelchakra, von deinem Wurzelchakra atmest du abwärts bis ins Herz von Mutter Erde, sodass auch all deine Chakren unterhalb deiner Füße gereinigt werden. Anschließend durchatmest du dein Kehlkopfchakra, dein Drittes Auge und dein Kronenchakra. Dann durchatmest du alle Chakren, wie ein Lichtstraße bis zur Quelle.

Die Chakra-Reinigung ist eine Fortsetzung der Meditation „Verbindung mit Mutter Erde und der Quelle", die in diesem Kapitel bereits beschrieben wurde. Im Anschluss an die Chakra-Atmung kann gedanklich die Merkaba, der Lichtkörper aktiviert werden, vgl „Lichtkörper – Merkaba".

Chakra-Reinigung klassisch mit Herzatmung

- Eigene Liebe im Herzen ausdehnen: Den inneren Tempel ganz öffnen, indem der rechte und linke Lungenflügel komplett aufgemacht werden. Zünde die Kerzen in deiner rechten und in deiner linken Brust und in deinem Herzchakra an.
- Reinigung aller Chakren: Chakra-Reinigung mit Herzatmung machen
- Atme nun immer über dein Herzchakra. Atme Prana und Liebe in all deine Chakren. Beginne vom Herzchakra aus und atme dreimal bewusst nach hinten und nach vorne. Dazu kannst du dir einen Kanal bei jedem Chakra vorstellen, die eine Öffnung geht zum Vorderkörper heraus und der Kanal geht auch zur Wirbelsäule nach hinten. Wie ein Schornsteinfeger, der den Kamin (Kanal) reinigt, reinigst du deine Chakren komplett. Atme Prana und Liebe in deinen Solarplexus (immer drei Atemzüge), dann in dein Nabelchakra, anschließend in dein Wurzelchakra, von deinem Wurzelchakra atmest du abwärts in jedes Chakra bis ins Herz von Mutter Erde. Anschließend durchatmest du dein Kehlkopfchakra, dein Drittes Auge, dein Kronenchakra. Dann durchatmest du alle Chakren, wie eine Lichtstraße bis zur Quelle.

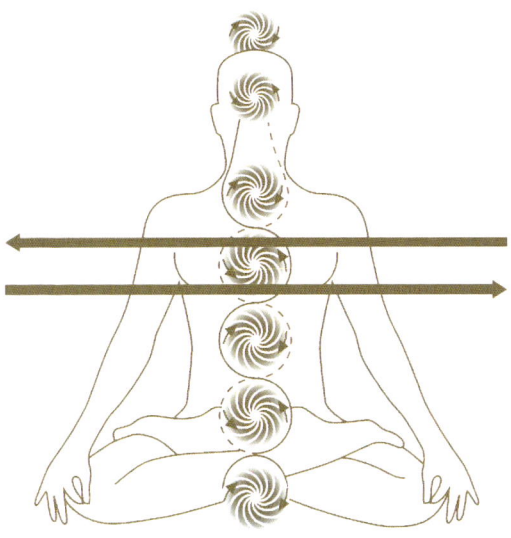

Energiekörper

Deine Energiekörper sind wie Schalen/Mäntel um deinen physischen Körper herum angelegt. Es ist dein Feld, wie eine Landkarte von deinem Wesen, von deinen Gedanken etc., welches dich umgibt. Auf allen Ebenen sind unterschiedliche Informationen abgespeichert. Je mehr sich deine Liebe aus deinem Herzen ausdehnt und dein Herzraum sich öffnet, desto mehr werden alle Ebenen mit Liebe durchströmt. Die Liebe ist heilend und reinigend. Dadurch werden deine Emotionen (emotionaler Körper) und deine Gedankenwelt (mentaler Körper) geheilt, bis du ganz Liebe und Licht bist. Das ist die Vollendung.

Physischer Körper
Emotionaler Körper
Inneres Feuer
Mentaler Körper
Spiritueller Körper

Physischen Körper

Dieser Körper verarbeitet alles, was über die fünf Sinne auf-
genommen wird. Der physische Körper umfasst deine Organe,
Zellen, Knochen, Haut, Haare. Er beinhaltet alle grobstofflichen
Elemente von dir.

Chakrazuordnung: Wurzelchakra

Farbzuordnung: Rot, Braun (Gelb, wenn dein physischer Körper
heil ist, dann strahlt er wie eine Sonne)

Elementzuordnung: Erde

Emotionaler Körper

Dieser Energiekörper ist deine erogene Zone. Er nimmt die Gefühle/Emotionen und Energien von Menschen wahr. Dieser Energiekörper zeigt deine emotionale Stimmungslage auf und wie du mit Gefühlen von anderen Menschen umgehst. Er speichert nicht verarbeitete Emotionen und emotionale Situationen, die dir nahegegangen sind.

Chakrazuordnung: Nabelchakra
Farbzuordnung: Orange (wenn es in Liebe geheilt ist, dann kann es rosa wie dein Inneres Feuer scheinen)
Elementzuordnung: Wasser

Inneres Feuer

Das Innere Feuer ist dein Gefühlskörper. Er ist reine Liebe/Christusbewusstsein. Dieser Körper beinhaltet das Gefühl von Einheit und Akzeptanz von dem, was ist.

Chakrazuordnung: Herzchakra
Farbzuordnung: Grün (Pink, Rosa)
Elementzuordnung: Feuer

Mentaler Körper

Der mentale Körper ist deine Verstandesebene und wird der linken Hirnhälfte zugeordnet. Hier sind alle Gedankenmuster, Glaubenssätze und Themen, die dich mental belasten/beschäftigen, gespeichert. Je mehr du in der höheren Wahrnehmung lebst, desto weniger wirst du von deinem „niederen Verstand" geleitet.

Chakrazuordnung: Drittes Auge
Farbzuordnung: Violett (Blau, Kristallblau entspricht dem Denken auf höheren Ebenen)
Elementzuordnung: Luft

Spiritueller (geistiger) Körper

Dein spiritueller Körper trägt das Wissen von deinem Sein auf geistiger Ebene. Er zeigt auf, woher du kommst und was du für ein Wesen bist. Ist er von Illusionen befreit, dann ist er rein und klar. Wissen und Informationen von dieser Ebene fließen als Ideen und Inspirationen in dich hinein. Sie werden jedoch von dir nur wahrgenommen, wenn du achtsam auf die feinen Signale wie zum Beispiel deine innere Stimme und Geistesblitze achtest. Philosophen und Erfinder wie Plato und Albert Einstein waren in diesem Bereich ausgebildet und bezogen ihr Wissen und ihre Weisheiten von den höheren Ebenen des Seins.
Chakrazuordnung: Kronenchakra
Farbzuordnung: Weiß (Gold, Violett)
Elementzuordnung: Äther

Deine verschiedenen Körper sind wie Eierschalen um dich herum. Sie schützen dich, sie nähren dich und sie beinhalten alle Informationen von dem, was du denkst, fühlst und wie du handelst. Dies ergibt eine Landschaft. Diese Landschaft zieht Menschen und Themen an, die zum Landschaftsbild passen. Je mehr du an dir arbeitest, indem du meditierst, dich reinigst, betest, Selbstheilungs- und Persönlichkeitsseminare/-Coachings besuchst, desto lichtvoller wirst du. Dadurch werden auch Bereiche in deinem Landschaftsbild beleuchtet, die du vielleicht noch nicht kennst. Vieles hast du vergessen durch dein Leben, das bis heute vielleicht mehr nach außen orientiert war. Sobald du beginnst, dich immer mehr nach innen zu kehren, desto mehr erkennst du, dass alles, was im Außen ist, sich auch in deinem Inneren befindet. Mach deshalb eine Generalreinigung durch Gedankenhygiene, bewusstes Handeln und Sein. Wie heißt es so schön: wie im Innen so im Außen.

Je nachdem wie du schwingst, dreht sich dein Leben um unterschiedliche Themen. Je höher du schwingst, desto mehr lässt du die alten Dramen los. Je mehr du aus dem Herzen lebst, desto unabhängiger wirst du von den Emotionen und Gedanken von anderen. Du lebst dein Leben, wie es dich glücklich macht und dir Frieden schenkt. Du weißt, was du tun kannst, damit es dir gut geht. Du richtest deine Aufmerksamkeit auf die Dinge, die du dir und der Welt wünschst.

Reinigung der Energiekörper

Stelle dir vor, du hast einen energetischen Staubsauger. Er sieht aus wie ein UFO. Dieses UFO reist spiralförmig durch deine Energiekörper von innen nach außen. Es reinigt alle Energiekörper der Reihe nach, indem es alle Schlacken und alten Geschichten, Blockaden, alles, was noch nicht lichtvoll ist, in sein Inneres hineinzieht. Gleichzeitig strahlt dieses UFO reines weißes Licht aus, welches in alle Energiekörper sprüht, sodass am Ende der Generalreinigung alle deine Energiekörper inklusive des physischen Körpers strahlend weiß leuchten. Du bist jetzt ganz erfüllt vom Licht des Christusbewusstseins, der reinen Liebe.
Das UFO zieht weiter. Durch seine Kraft hat es bereits alles, was es dir abgenommen hat, wieder in reine Liebe umgewandelt. Es ist bereit für seinen nächsten Reinigungsauftrag im Auftrag der reinen Liebe.

Lichtkörper — Merkaba

Der Lichtkörper, deine Merkaba, ist dein Lichtmantel und energetischer Schutzmantel. Du kannst dir die Merkaba als dein energetisches Kleid vorstellen. So wie du deinen physischen Körper kleidest und vor Wind und Wetter und weiteren Einflüssen schützt, so ist auch dein Lichtkörper durch die Merkaba geschützt. Er ist eine Erweiterung deines Seins vom Physischen in die Lichtebenen.

Dein Lichtkörper wird durch deine Energiekörper (physischer und emotionaler Körper, inneres Feuer (Gefühlskörper), mentaler und spiritueller Körper und die Himmel-Erde-Verbindung) von dir aufgebaut und gestärkt, vgl. auch das Kapitel „Energiekörper". Je mehr deine Energiekörper leuchten und mit Liebe aus deinem Herzchakra durchleuchtet sind, desto stabiler ist dein Lichtkörper. Je mehr du in der Liebe bist, desto stärker ist dein Schutzmantel um dich herum. In der Liebe sein bedeutet auch, dass du lieb zu dir bist. Hab Verständnis für deine Handlungs-, Denk- und Redeweisen. Wenn du etwas verändern möchtest, dann arbeite mit Affirmationen wie zum Beispiel: „Ich bin ein lichtvolles Wesen voller Liebe, Güte, Freude etc. Ich gehe den Weg der Liebe und mein Herz ist mein Führer." Du kannst dich durch Affirmationen auf das ausrichten, was du dir wünschst. Je mehr du diese Affirmationen in Gedanken oder Worten aussprichst, desto mehr wirst du sie in deinem Leben leben.

Affirmation für die Selbstliebe

Ich liebe mich. Ich bin ein göttliches Wesen. Ich bin jederzeit geliebt, geschützt und fühle mich geborgen. Die Engel und geistigen Helfer unterstützen mich, meine Ziele zu erreichen. Sie zeigen mir den Weg. Sie unterstützen mich, damit mein Alltag lichtvoll, voller Freude und Liebe ist. Sie zeigen mir, wo ich hinschauen darf und was ich durch meine Liebe lösen darf. Ich Bin. Ich bin göttlich. Ich bin liebevoll. Ich lebe das Leben, das ich mir schon immer gewünscht habe. Ich manifestiere es durch meine Gedanken, Worte und Taten.

Der Lichtkörperprozess des Menschen umfasst drei wesentliche Stufen:

1. Ganz im Herzen bei sich ankommen (Merkaba I) – Ich bin Schöpfer (göttlicher Vater) und Schöpfung (göttliche Mutter) in einem und kreiere mein Leben mit allen meinen Gedanken, Worten und Taten.
2. Seine Liebe ausdehnen und eins werden mit dem göttlichen Licht (Merkaba II) – Ich nehme meinen Auftrag als Führer (Spiritueller Lehrer) in der Welt an und lebe und agiere zum Wohl vom großen Ganzen.
3. Ganz im Sein, dem Bewusst-Sein aufgehen (Merkaba III) – Ebene des reinen Bewusstseins, wo alles eins ist. – Ich bin bewusstes Sein. Ich Bin.

In einem meiner Kurzseminare bin ich einer Person begegnet, die ganz verwundert war, dass ich den Lichtkörper in meinen Meditationen bewusst bei den Menschen aktiviere. Wie ein Schneider schöne Kleider für Menschen erstellt, kann ein Spiritueller Lehrer bei den Menschen diese Prozesse in Bewegung setzten.

Die Wesen, die jetzt als Spirituelle Lehrer auf der Erde arbeiten, haben sich vorgenommen in den Transformationsprozessen, die bei den Menschen anstehen, zu unterstützen. Ich möchte mit meiner Arbeit helfen, dass die Veränderungen angenehm und mit Freude gelebt werden können. Die Zeiten, wo alles schmerzvoll war, sind vorbei. Die Neue Zeit ist die Zeit der Wunder, der Freude, des Reichtums. Du darfst den Himmel auf Erden leben. Du darfst dein volles göttliches Potential im physischen Körper leben. Du brauchst nicht mehr zu sterben, um die Christusliebe/ die reine Liebe zu sein und zu leben. Ich wünsche mir von ganzem Herzen, dass alle Wesen auf Erden erleben dürfen, wie sich die

Neue Zeit, auch goldene Zeit genannt, anfühlt. Es ist so schön, wenn du spürst, wie du ganz Friede, Liebe und Reichtum bist.

Wenn du dich während des Tages auf deine Ziele fokussierst und deine Liebe aufrecht hältst, dann manifestieren sich Friede, Liebe und Reichtum immer mehr in deinem Leben. Denn da, wo du Aufmerksamkeit hingibst, da geht deine Energie hin. Achte deshalb genau darauf, worauf du deine Aufmerksamkeit richtest. Nimm deine Energie immer wieder bewusst aus Situationen zurück, in denen du nicht länger verweilen möchtest. Eine andere Variante ist, dass du bewusst in gewisse Situation mit deinem ganzen Licht, deiner ganzen Liebe hineingehst. Das bringt Veränderung. Dein Licht verändert dein Leben und das Leben auf der Erde. Sei ein Licht für alle. Sei ein Leuchtturm, der zum Wohle aller strahlt.

Deine Merkaba ist ein Licht im Universum. Du nimmst durch sie deinen Platz im kosmischen Gefüge wieder ein. Du rufst ins Universum: „Hallo. Ich bin hier. Ich bin ein Licht, das die Neue Zeit prägt und mitschöpft." Mit deiner Merkaba geht alles noch viel schneller. Durch sie manifestierst du rascher, weil du den Himmel = Lichtkörper auf Erden = physischer Körper trägst.

Die Tore zur Stärkung deiner Merkaba sind deine Lungenflügel. Öffne dazu deine Lungenflügel, auch Seelenflügel genannt, komplett. Lass dein inneres Licht, ich sage zu ihm auch innerer Tempel, leuchten. Dann lass dein Licht, deine Liebe wie eine Sonne aus deinem Herzchakra hinausstrahlen. Dadurch kann sich deine Merkaba immer mehr ausdehnen.

Stärkung deiner Merkaba

Schließe deine Augen und atme tief durch deine Nase ein und aus. Verbinde dich über deine Atmung mit der Quelle über deinem Kopf. Atme Liebe, Licht und Frieden von der Quelle in deinen Körper ein. Verbinde dich anschließend über deine Atmung mit dem Herzen von Mutter Erde und atme ebenfalls Liebe, Licht und Frieden vom Herzen von Mutter Erde ein. Tauche ganz in deine Liebe in deinem Herzchakra ein und öffne deinen inneren Tempel bewusst.

Verbinde dich über dein Herzchakra mit dem göttlichen Vater. Spüre, dass du der göttliche Vater bist und sprich die folgenden Worte: „Ich bin der göttliche Vater."

Verbinde dich auch mit der göttlichen Mutter und spüre, dass du die göttliche Mutter bist, während du sagst: „Ich bin die göttliche Mutter." Tauche dann vollständig in dein Ich Bin in deinem Herzchakra ein. Und sage dir: „Ich Bin." Spüre das Ich Bin.

Dehne anschließend wie eine Sonne die Liebe aus deinem Herzen aus. Die Merkaba in deinem Herzen weitet sich dadurch immer mehr aus, bis du dich wie ein Buddha sitzend in deiner Merkaba siehst.

Wenn du erkennst, dass du Schöpfer, göttlicher Vater und Schöpfung, göttliche Mutter bist und du ein Ja für dich und dein Potential sagst, dann bildet sich die Merkaba in deinem Herzen. Du kannst sie dir zweidimensional als zwei Pyramiden ineinander, wie den Davidstern vorstellen. Die Pyramide mit der Spitze nach oben ist die Anbindung an den göttlichen Vater, dein göttliches Potential. Die Pyramide mit Spitze nach unten ist die Anbindung an Mutter Erde. Sie ist dein Ja für dich und dein Leben auf der Erde. Je mehr du dann in Führung gehst, indem du dein Leben führst, wie du es dir wünschst, desto größer wird deine Merkaba. Die Liebe ist der Weg. Du dehnst dadurch deinen Lichtkörper und somit dein Licht aus. Durch Liebe und Bewusstsein schaffst du dir dein Leben, das du dir schon immer gewünscht hast.

Quellanbindung

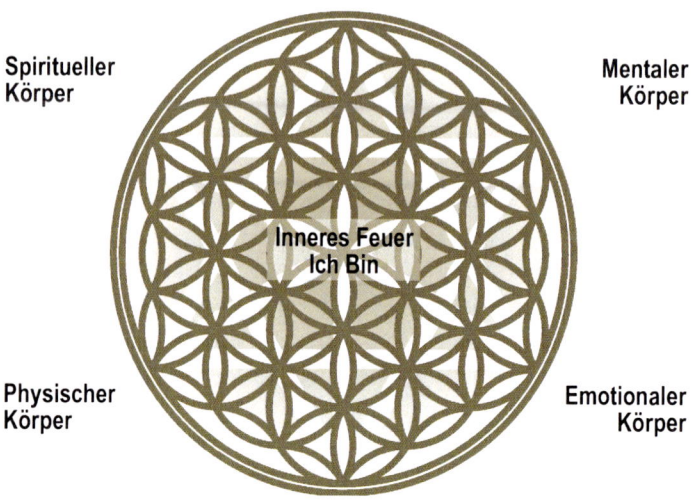

Spiritueller
Körper

Mentaler
Körper

Inneres Feuer
Ich Bin

Physischer
Körper

Emotionaler
Körper

Erdanbindung

GESETZMÄSSIGKEITEN

Liebe

Liebe – Feuer im Herzen, Motivation und Umsetzungskraft

Liebe bindet nicht. Liebe ist rein, Liebe ist klar. Liebe ist alles, was jemals war und jemals sein wird. Du bist unendlich geliebt. Sei auch du lieb zu dir, indem du auf deine inneren Impulse hörst, achtsam in deinem Alltag mit dir bist und akzeptierst, was du nicht ändern kannst. Kämpfe nicht gegen Dinge an, die so sind, wie sie sind. Gehe in die Stille, zum Beispiel durch eine Meditation. Spüre die Kraft in dir und genieße es, ganz in die Liebe deines Herzens einzutauchen. Dort findest du alles, was du schon immer gesucht hast. Jetzt weißt du, dass du es in deinem Inneren findest. Es ist immer da. Es ist der Eingang in alle Weisheiten des Lebens, des Kosmos, Gottes. Tauche täglich in diesen ruhenden, liebenden Pol in dir ein, damit du Kraft tankst, Freude gewinnst, Vertrauen ausstrahlst und Liebe bist.

„Ich liebe dich", sagt Gott. „Wisse, dass ich immer für dich da bin. Ganz viele kosmische Wesen (Engel, Einhörner etc.) sind für dich da. Rufe uns, dann erfüllen wir dir deine Wünsche. Wir helfen dir, dein Leben so zu manifestieren, wie du es dir wünschst. Vertraue. Manchmal braucht es ein wenig Zeit. Vertraue. Es kommt und ist gut. Es ist genau so, wie es dich weiterbringt. Sei dir bewusst, wo deine Kraft und deine Liebe liegen, wo du sie findest. Tritt täglich in deinen inneren Tempel (Herzchakra) ein."

Liebe ist, liebe ist ewig, Liebe ist das, wonach sich jeder Mensch in der Tiefe seines Herzens sehnt. Aus der reinen Liebe sind wir entsprungen, um die Welt und das Universum zu erfahren. In diese Liebe kehren wir alle zurück. Wenn du erkennst, dass du diese Liebe in deinem Herzen trägst, findest du den Weg nach Hause. Du weißt, dass du alles in dir trägst, was du dir wünschst. Und du bist immer daheim. Du bist immer bei dir.

Herzmeditation

Schließ deine Augen. Atme tief ein und aus. Atme über deinen Kopf hinaus bis zur Quelle von allem Sein. Atme Liebe, Friede und Licht von der Quelle in deinen Körper hinein und speichere diese Energien in deinem Herzchakra, das sich in der Mitte deiner Brust befindet. Atme nun über deine Füße hinunter bis ins Herzchakra von Mutter Erde. Atme Liebe, Frieden und Licht von Mutter Erde in deinen Körper ein und speichere diese Energien in deinem Herzchakra.

Tauche nun ganz in deiner persönlichen Mitte, deinem Herzchakra ein. Du kannst dir vorstellen, dass ein Lift von deinem Kopfbereich hinunter in dein Herzchakra führt. Nimm den Lift und tritt in deine Mitte ein.

Öffne deinen inneren Tempel (Brustbereich) komplett, indem du den rechten Lungenflügel (Seelenflügel) öffnest. Dann öffnest du den linken Seelenflügel. Anschließend erleuchtest du deinen inneren Tempel, indem du das Licht in deiner rechten und in deiner linken Brust und in deinem Herzchakra anzündest. Tritt nun ganz in deine Liebe ein. Spüre die Wärme in deinem Herzen. Verweile einem Moment in deiner Liebe.

Dehne dann dein Licht/deine Liebe aus wie eine Sonne mit ihren Strahlen. Stelle dir dazu eine Sonne vor, die in deinem Herzen strahlt. Dehne die Strahlen auf deine volle Größe aus. Durch die

Sonnenstrahlen stabilisierst du deine Aura und du bist ganz in deiner Liebe eingebettet und beschützt.

Liebe ist der größte energetische Schutz. Wer ganz in seiner Liebe ruht, der ist ganz bei sich und trotzdem mit allem verbunden. Er ist in der Neutralität.

Ich spüre meine Liebe in meinem Herzen als eine Wärme. Diese Wärme fühlt sich an wie eine starke Flamme, die wärmt und nährt, wo ich meine Aufmerksamkeit hinrichte. Damit in mir Zufriedenheit herrscht, brauche ich Raum, wo ich in meinem Sein leben kann. Sicher geht es auch dir so. Jeder Mensch braucht Raum für sich. Jeder Mensch fühlt sich wohl, wenn er ganz bei sich ist. Als ich das erste Mal spürte, wie ich mich anfühle, war das ein wunderschönes und auch unbekanntes Gefühl.

Viele Menschen meinen, sie seien jemand, der sie nicht sind. Erst, wenn die Schichten von jeglicher Beeinflussung fort sind, dann spüren sie ihre Energie. Manchmal ist sie ganz fein, manchmal ist sie kräftig, manchmal ist sie sanft. Jeder Mensch trägt eine ureigene Schwingung. Wenn du diese Schwingung ganz erkennst, dann findest du immer wieder zu dir. Du spürst, ob du im Moment bei dir oder jemand anderem bist. Wenn du ganz in deinem Sein bist, dann geht es dir gut, du fühlst dich wohl in deiner Haut, in deinem Sein. Richte deine Aufmerksamkeit immer wieder einen Moment nach innen, spüre, wie du dich anfühlst. Atme Liebe von Himmel und Erde ein. Ruhe ganz in deiner Liebe, in deinem Herzchakra.

Die Chakren verbinden deinen grobstofflichen mit deinem fein-stofflichen Körper und versorgen deine Nervenbahnen mit Licht. Damit du dich spürst lohnt es sich, täglich deine Chakren zu reinigen. Dadurch sind deine Lichtverbindungen ganz rein. Es strömt dadurch reines Licht in dich hinein. Deine Nerven werden durch das Licht, auch Prana genannt, genährt. Die Chakren drehen sich wie ein Windrad, je sauberer sie sind, desto schneller drehen sie sich und desto höher ist deine Schwingung. Du kannst dich dadurch aus alten Emotionen und überholten Gedanken erheben. Wenn deine Chakren strahlen, leuchtet deine Aura wunderschön sanft. Du bist ein Licht für die Welt. So wie eine Glühbirne, die einen dunklen Raum erleuchtet, so strahlst du. Sein ein Licht für dich und die Welt. Öffne auch ganz bewusst dein Kronenchakra wie eine Lotusblüte, sodass das reine göttliche Licht in dich strömen kann. Je mehr du reines Licht bist, desto weniger lässt du dich von deinem Umfeld beeinflussen. Du bist ganz rein und klar. Dadurch nimmst du das Rundherum auch ganz klar wahr. Du weißt, was in anderen Menschen vorgeht. Du spürst die Schwingungen in deinem Umfeld und du erhältst klare Impulse, was zu tun ist.

Chakra-Atmung zur Reinigung

Tauche ganz in dein Herzchakra ein und atme von deinem Herzen aus über deinen Kopf hinaus bis zur Quelle, bis du spürst, dass du ganz verbunden bist. Atme Liebe, Licht und Freude ein. Atme anschließend von deinem Herzen in deine Füße und hinunter bis ins Herzchakra von Mutter Erde. Atme ihre Liebe, ihr Licht und ihre Freude ein. Öffne deinen inneren Tempel, indem du den rechten Seelenflügel (Lungenflügel) öffnest, dann den linken, und ganz in dein Herzchakra eintauchst. Atme nun den Atem Gottes durch deine Nase in dein Herzchakra und durchatme dein Herzchakra nach vorne durch deinen Brustkorb und nach hinten durch deine Wirbelsäule hinaus. Durchatme dein Chakra wie ein Schornsteinfeger, der den Kamin reinigt. Atme den Atem Gottes durch alle Chakren, eines nach dem anderen. Durchatme den Chakrakanal immer nach vorne zum Vorderkörper heraus und auch nach hinten zur Wirbelsäule heraus. Atme den Atem Gottes zwei bis drei Mal durch den jeweiligen Chakrakanal. Starte jeweils mit dem Herzchakra und gehe dann hinunter zum Solarplexus, Nabelchakra, Wurzelchakra. Atme von deinem Wurzelchakra bis ins Herzchakra von Mutter Erde, dadurch durchatmest du alle

Chakren unterhalb von deinen Füßen. Atme nochmals in dein Herzchakra und durchatme dann die oberen Chakren: Kehlkopf-chakra, Stirnbereich, Kronenchakra. Atme von deinem Kronen-chakra hoch bis zur Quelle, sodass du ein reiner klarer Lichtkanal bist. Der Atem Gottes strömt ein und sanft durch dich. Du bist ein Ausdruck Gottes. Du leuchtest wie ein reiner Kristall und strahlst Liebe und Licht aus. Du erinnerst die Menschen durch dein Licht an ihr eigenes Licht. Wer dir folgen möchte, der sucht deine Gegenwart und den Kontakt mit dir.

Es gibt so viele Menschen, die den ganzen Weltschmerz in sich ziehen. Sie spüren es nicht. Wie wäre es, wenn du ab heute nur noch die reine Liebe durch dich strömen lässt? Bitte deine Engel/geistigen Helfer um Unterstützung, dass sie dir helfen dich zu heilen, ganz bei dir zu sein und das Leben zu leben, welches du dir wünschst. Lerne Tag für Tag, in der Liebe zu sein. Lerne Tag für Tag, dass es immer eine neue Chance gibt. Sei lieb zu dir, in-dem du dir verzeihst. Du hast jede Sekunde eine neue Chance. Gib sie dir jetzt und mach, was dir Freude bereitet. Lebe, was dich glücklich macht ohne Wenn und Aber. Trau dich. Nutze den Moment und schaff dir viele glückliche, freudige und liebe-volle Momente.

Nimm wahr, wenn du eine Handlung ausübst, die dir nicht ent-spricht. Mach es das nächste Mal so, wie du es dir wünschst. Er-kenne dazu in einem ersten Schritt deine Grenzen. Erkenne, wann du den Raum oder die Situation verlassen musst, damit du dein Sein und deine Ausrichtung leben kannst. Verlasse zum Beispiel den Raum, wenn es dir zu bunt wird mit deinen Kindern, deinem Partner oder wem auch immer. Nimm dir Zeit für dich, bei dir zu sein und deine Energie zu spüren. Durch eine tiefe und bewusste Atmung stärkst du dein Energiefeld und es fällt dir leichter, bei dir zu bleiben. Schließe auch bewusst gedanklich die Türen, wenn du aus einem Ereignis/Film aussteigen möchtest und Raum für dich brauchst. Auch schließe gedanklich die Türen, wenn dich andere Menschen genug gespürt habe. Ich schicke ihnen dann geistige Helfer zur Unterstützung oder segne sie, sodass Heilung geschehen darf. Du darfst vermehrt mit geistigen Helfern wie zum Beispiel Engeln, Einhörnern etc. arbeiten und sie um Unterstützung bitten. Dann hast du Kraft für deinen Alltag, dann hast du Kraft für alle Herausforderungen in deinem Leben. Ich rufe oftmals die geistigen Helfer ganz allgemein mit „liebe geistige Helfer" an. Wenn ich eine starke Kraft bewusst nutzen möchte, dann bitte ich die weiße Bruderschaft um Unterstützung. Soll es rasch gehen, dann bitte ich um Unterstützung durch einen Pegasus. Auch Feen, Elfen etc. sind gerne für dich da.

Respektiere deine Gefühle. Der Bauchbereich ist oft sehr sensibel. Er ist ein Seismograf, der sagt, ob dir etwas gut tut oder nicht. Verlasse dann das Spielfeld. Lass die Menschen ihr Spiel spielen und lebe du dein Leben. Du kannst das Spielfeld auch mental verlassen, ohne aus dem Raum zu gehen, dazu machst du in Gedanken einen Schritt aus dem Feld heraus. Spüre dann deine Füße fest auf dem Boden und atme bis in Herz von Mutter Erde. Spüre den Bodenkontakt und die Stärke von Mutter Erde. Sie unterstützt dich. Rufe Engel zur Unterstützung, damit es dir wieder gut geht und du wieder ganz bei dir bist. Bedanke dich bei deinen geistigen Helfern und Führern. Sie zeigen dir den Weg zu deinen Zielen und helfen dir, deine Wünsche zu erfüllen.

Reine Liebe

Reine Liebe ist, sie ist einfach. Sie ist ganz neutral. Wenn du weder gut noch böse denkst, dann bist du in der Liebe. Du akzeptierst, was ist, und musst es nicht verändern. Je mehr du akzeptieren kannst, was ist, und trotzdem deine Ziele im Auge behältst, desto mehr bist du auch im Frieden mit allem. Friede und Liebe geben sich die Hand.

Wenn du in der Neutralität bist, indem du zwischen hell und dunkel stehst, Schwarz auf der einen Seite, Weiß auf der anderen, dann kann die reine Liebe durch dich strömen. Deine Handlungen sind ein Ausdruck Gottes. Du sagst zur richtigen Zeit die richtigen Worte und handelst so, wie es angemessen ist.

Affirmation für mehr Liebe

Liebe umgibt mich, Liebe ist in mir, Liebe strömt durch mich durch. Ich bin Liebe. Ich Bin.

Bewusstsein – Manifestation

Bewusstsein – ein bewusstes Sein, Ebenen der Manifestation, reine Energie, die sich nach deinen Wünschen, nach deiner Ausrichtung richtet und dir deine Wünsche erfüllt

Bewusst sein heißt, dass du dir ganz bewusst bist, was ist, wie die kosmischen Gesetze funktionieren. Dadurch kannst du mit Unterstützung dieser Gesetze dein Leben manifestieren, wie du es dir wünschst.

Im Kosmos existieren unterschiedliche Bewusstseinsebenen. Es gibt zum Beispiel die Ebene der reinen Liebe und die Ebenen der Klarheit. Es existiert die duale Ebene auf Mutter Erde. Das ist die Ebene, wo die Menschen sich aufhalten, welche noch nicht bewusst den Weg der Liebe gewählt haben und immer noch auf der Ebene von Gut und Böse, Angst etc. leben. Auch die Neue Zeit existiert gleichzeitig mit der dualen Ebene. Es ist das goldene Licht, die goldene Zeit. Du kannst sie dir wie einen goldenen Strahl vorstellen. Tagtäglich kannst du dich entscheiden, ob du im Dualen leben möchtest oder in der goldenen Zeit. Entscheidest du dich bewusst, im goldenen Licht zu stehen, dann erlebst du Wunder, Reichtum und viele schöne Momente. Dazu kannst du dir vorstellen, dass ein goldener Lichtstrahl ganz gerade durch dich durchströmt. Stelle dich immer wieder unter diese Lichtdusche und du wirst Wunder erleben.

Alles in deinem Leben wird durch deine Worte, Gedanken und Taten geformt. Du schreibst dir dein eigenes Lebensdrehbuch. Deshalb sei achtsam, was du sagst. Sprich von Dingen, die du dir wünschst, und richte dich auf das aus, wie es sein soll. Wenn dich andere Menschen nach alten Dingen fragen, die du nicht mehr in deinem Leben haben möchtest, dann sprich von etwas anderem. Lass das Alte ruhen. Konzentriere deine Energie auf das, was du in deinem Leben haben möchtest. Frage dich deshalb:

- Wie soll mein Leben aussehen?
- Was wünsche ich mir für eine Partnerschaft?
- Was für einen Beruf möchte ich gerne ausüben?
- Wie soll es mit meinem Partner, mit meinen Freunden, mit meinen Kindern, meinen Geschäftskollegen etc. sein?

Werde dir bewusst, was du dir wünschst und was dich glücklich macht. Wünsche dir diese Dinge. Je mehr du ins Schöpfersein eintrittst und erkennst, dass du dir dein Leben selber erschaffst, desto wichtiger wird, es mit Gebeten und Manifestation wie zum Beispiel Affirmationen zu arbeiten. Diese geben dir eine klare Ausrichtung.

Es gibt spirituelle Menschen, die zu sehr im Sein wie ein Buddha verweilen, dann bleibt das Leben stehen. Du erschaffst dir in deinem Inneren Reichtum. Möchtest du auch Reichtum in deinem Außen, dann lohnt es sich, dass du dich öffnest und aus dem Buddha-Sein heraustrittst. Gönne dir Momente des Seins. Schaue anschließend, was in deinem Leben getan werden darf, damit es sich so formt, wie du es dir wünschst. Erschaffe dir neues Land durch bewusstes Sein. Arbeite auch mit deinen geistigen Helfern, die dich liebend gerne dabei unterstützen, das zu erschaffen, was du in deinem Leben haben möchtest. Rufe deine geistigen Helfer, wenn dein Schreibtisch überladen ist mit Arbeit und du wieder den Überblick haben möchtest. Rufe sie, wenn du Unterstützung brauchst, damit du deinen Alltag mit deinen Kindern, deinem Partner, mit dir etc. so meisterst, wie du es dir wünschst. Du kannst zum Beispiel sagen: „Liebe geistige Helfer, ihr wisst, dass ich ganz viel zu tun habe. Bitte sorgt dafür, dass meine Arbeiten erledigt werden. Ich wünsche mir mehr Zeit für meine Hobbys, meine Partnerschaft, qualitative Zeit mit meinen Kindern etc." Die geistigen Helfer unterstützen dich, wie du sie auch immer darum bittest. Ich rede mit ihnen wie mit einem Freund, mache kein großes Traritrara. Auch ist es wichtig, dass es für dich ganz klar ist, dass sie dir helfen werden. Du bist ganz im Vertrauen, dass da Energien um dich und in dir sind, die du aktivierst, wenn du sie um Unterstützung bittest.

Das Leben ist so leicht. Es ist so leicht wie für ein Kind. Wenn du wieder lernst, Dinge leicht zu nehmen und Freude zu haben, dann wird sich dein Leben zum Schönen verändern. Du erkennst das Schöne in allem. Du erkennst, dass du Schöpfer bist. Wenn mal etwas in dein Leben tritt, weil du von alten Dingen gesprochen hast, die du nicht mehr haben möchtest, dann erkenne es. Bedanke dich zum Beispiel für diese Erkenntnis und richte dich mit deinen Gedanken, Worten und Taten neu aus. Nimm dir Zeit, deine Energie auf das Gewünschte auszurichten. Eine schöne Möglichkeit der bewussten Manifestation ist die folgende Übung.

Manifestation

Durch bewusstes Sein kannst du dir erschaffen, was du dir wünschst. Nimm dir dazu einen Moment Zeit und schau, was du im Moment brauchst, wie zum Beispiel Liebe, Geduld, Freude, Geld, Reichtum etc. Dann machst du beispielsweise am Morgen eine Atemübung und du sagst dir anschließend: „Ich manifestiere für mich Liebe, Geduld, Freude, Geld, Reichtum. Ich danke meinen geistigen Helfern und Führern für ihre Unterstützung." Spüre die Energie, die du zu dir in dein Leben holst, wenn du die Worte wie Liebe usw. sagst. Sage die Manifestation aus deinem Herzen heraus, mit geöffnetem Herzen, und spüre die Energie von dem, was du manifestierst. Das bedeutet, wenn du Liebe manifestierst, dann spüre, wie sie sich anfühlt. Du kannst dir auch etwas für deine Partnerschaft, für deine Familie, deinen Job etc. manifestieren.

Alles, was du von Herzen gerne tust, trägt viele schöne Früchte. Mach die Dinge in deinem Leben, die dich glücklich machen, und die Engel/Energien um dich herum unterstützen dich dabei, noch mehr von dem in dein Leben zu bringen.

Bist du ein Führer der Neuen Zeit? Dann führe im ersten Schritt ein Leben, das du dir wünschst. Erschaffe dir täglich das, was du möchtest. Richte dich immer nach dem Gewünschten aus. Bedanke dich für alle Erfahrungen, die du sammeln durftest, und richte dich aus. Richte dich auch in der Meditation aus, indem du gerade sitzt im Schneider- oder Kniesitz. Du kannst auch gerade auf einem Stuhl sitzen und dich durch das aufrechte Sitzen ganz auf den göttlichen Strom ausrichten. Berühre mit deinen Füßen bewusst den Boden, so kann der Fluss durch dich hindurchströmen.

Was wünsche ich mir von Herzen?

Lebst du das Leben, das du dir wünschst? Nimm dir einen Moment Zeit. Schließe deine Augen. Tauche ganz in deinem Herzchakra in der Mitte deiner Brust ein. Atme tief ein und aus. Öffne deine Seelenflügel komplett, indem du den rechten Lungenflügel aufmachst, dann den linken. Tritt nun ganz in deinen Herzraum ein. Mach das Licht in deinem Herzen an, indem du die Kerze in der rechten und in der linken Brust und im Herzchakra anzündest. Im Herzchakra ist dein Ich Bin. Es ist der Sitz Gottes in dir. Verweile nun in deinem Herzchakra. Spüre die Liebe und die Verbundenheit mit Gott. Stelle dir nach einem Moment folgende Fragen:

- Was macht mich richtig glücklich?
- Was möchte ich in meinem Leben ändern? Frage auch: Was ist die Lösung dazu?
- Was belastet mich? Frage auch: Was ist die Lösung dazu?
- Was ist mein tiefster Wunsch?
- Was fehlt mir? Frage auch: Was ist die Lösung dazu?

Vertraue darauf, dass du geistige Unterstützung erhältst, damit sich deine Wünsche erfüllen und sich die Dinge lösen, welche sich in der Reflektion gezeigt haben. Meine Erfahrung ist, dass sich die Dinge wie von Zauberhand entwickeln, wie ich sie mir wünsche. Überall, wo du Bewusstsein hinrichtest, geht deine Energie hin und dort ist Veränderung möglich. Wenn du dich vom Unangenehmen auf das Gewünschte ausrichtest, dann wissen die Helfer um dich herum, wo es hingehen soll. Dort, wo du dich ausrichtest, dort geht deine Energie hin.

Verweile auch immer wieder einen Moment im Sein, indem du ganz in deinem Herzen eintauchst. Deine Herzintelligenz weiß, was du brauchst, was dir gut tut. Höre auf die leisen Impulse aus deinem Inneren. Deine Herzstimme ist das Flüstern Gottes. Denn dein urgöttlicher Anteil lebt in deinem Inneren, in deinem Herzchakra. Hier ist der Sitz deiner Weisheit.

Beten

Beten ist eine schöne Art der bewussten Manifestation. Jedes Gebet hat eine unterschiedliche Wirkung, je nach den Worten, die es beinhaltet. Du schaffst dir dadurch einen Raum der Liebe, des Friedens, des Schutzes.

Möchtest du in deinem Leben mehr Frieden manifestieren und wünschst du dir ganz tief in deinem Herzen Frieden auf Erden und im ganzen Kosmos? Dann ist das Friedensgebet sehr schön, welches auf dem Gebet von Franz von Assisi basiert. Sprich es täglich in Hingabe, indem du deinen inneren Tempel ganz öffnest. Setze dich dazu im Kniesitz aufrecht hin und halte das Blatt mit dem Friedenstext ganz gerade vor deine Augen. Wenn der Blick geradeaus ist, dann bist du auf Herzebene. Ist dein Blick nach unten gerichtet, dann richtest du dich auf deine Emotionen aus. Geht dein Blick nach oben, so schenkst du deinen Gedanken Beachtung. Wenn du das Gebet sprichst, dann sage es mit Liebe aus deinem Herzen und spüre die Worte, die du sprichst.

Sicher spürst du mit der Zeit die Kraft, die das bewusste Beten hat. Die Kinder der Neuen Zeit und Tiere lieben Gebete. Auch wenn sie nicht immer laut mitbeten, lieben sie die Schwingung der Worte und sie genießen die Energie, die dadurch in einem Raum bei der betenden Person manifestiert wird. Beten ist auch eine schöne Art, einen Raum mit einer wohltuenden Schwingung zu durchströmen. Auch zur Reinigung von Räumen ist Beten geeignet.

Friedensgebet

Oh Herr, mach mich zum Werkzeug deines Friedens,
oh Herr, mach mich zum Werkzeug deiner Liebe,
dass ich verzeihe, wo man sich beleidigt,
dass ich verbinde, wo man streitet,
dass ich Wahrheit sage, wo Lüge gesprochen wird,
dass ich den Glauben bringe, wo Angst und Zweifel drücken,
dass ich Hoffnung wecke, wo Verzweiflung quält,
dass ich Licht bringe, wo Dunkelheit herrscht,
dass ich Freude mache, wo der Kummer und die Trauer wohnen.

Oh Herr, lass mich ein Werkzeug deiner Liebe und deines Friedens
sein,
lass mich Verständnis, Liebe und Bewusstsein leben,
sodass Frieden und Liebe auf der Erde herrschen.

Denn wer gibt, der empfängt,
wer verzeiht, dem wird verziehen,
wer stirbt, der erwacht zum ewigen Leben.

Reichtumsgebet

Lieber Gott, lass Reichtum, auch materiellen Reichtum in mein
Leben strömen.
Lass mich Reichtum ausstrahlen und wie ein Magnet anziehen.

Ich bin der Reichtum Gottes.
Ich lebe den Reichtum Gottes auf Erden, in allen Ebenen, Zeiten
und Dimensionen.

Ich kann mir alles leisten, was ich mir wünsche.

Reichtum ist in mir, um mich herum und fließt durch mich durch.
Ich bin Reichtum.

Jetzt und für alle Zeiten, in Ewigkeit.
In Licht und Liebe.

Damit noch mehr Reichtum in dein Leben kommt, bete mindestens zwei Wochen lang täglich das Reichtumsgebet und spüre den Reichtum.

Wichtig beim „richtigen Beten" ist, dass du im Herzen spürst, was du betest. Öffne dein Herz gedanklich und lass die Worte in deinem Herzen schwingen. Diese Schwingungen sind Wellen, die du aussendest und die gleiches anziehen.

GESETZ — ICH MANIFESTIERE

In der Neuen Zeit gibt es kein Karma mehr, welches du aus anderen Leben abarbeiten musst. Du bist täglich frei, dein Leben neu und bewusst zu erschaffen. Durch Wünschen und Ausrichten auf das Gewünschte ziehst du genau diese Dinge in dein Leben. Es wirkt wie ein Magnet. Deine Gedanken, Worte und Taten sind Energien, die ausgesendet werden und Gleiches in dein Leben holen. Dein Herzenslicht hat die stärkste Magnetkraft.

Manche Menschen beten, meditieren und leben für sich in der Liebe. Sie identifizieren sich jedoch zu fest mit ihrem Umfeld und mit Gesagtem und Gedachtem von anderen. Für solche Wesen lohnt es sich, klar zu erkennen, dass sie einen persönlichen Raum haben, ihren Körper und ihre Aura. In diesen Raum kommt nur, was sie hereinlassen. Wenn diese Menschen klare Grenzen setzten indem sie sagen, dass das Geredete nichts mit ihnen zu tun hat und wenn sie die Energien von anderen bei denen lassen und sie nur wahrnehmen, dann können sie ihre persönliche Energie immer mehr halten. Dadurch tritt immer mehr Schönes in ihr Leben. Ihr Leben erfüllt sich mit der Liebe, die sie in ihrem Herzen tragen. Es ist wie Blüten, die nun auch in ihrem Umfeld erblühen dürfen.

In einem ersten Schritt ist es wichtig zu erkennen, dass jeder Mensch sein Leben hat und die anderen stehen lassen soll, wie sie sind. Du kannst andere segnen, ein liebes Wort an sie richten. Bleib jedoch bei dir. Es ist so, als ob du einen Schritt bewusst in deinen Raum machst. Dadurch finden keine Übertritte statt und jeder bleibt in seiner Energie. Wenn du anderen Dinge abnimmst, dann geht es weder dir noch ihnen besser. Nur wenn der Mensch seine Lernschritte selber machen kann, dann kommt er in seinem

Leben weiter. Ein Heiler kann die Energien balancieren, gewisse Blockaden lösen und Felder in der Aura bereinigen. Den Schritt, sei es durch eine veränderte Lebensweise, durch gewinnbringende Gedanken etc., den muss/darf der Kunde selber machen. Wenn der Heiler dies erkennt, dann bleibt er voll und ganz in seiner Kraft. Er hat unendlich viel Energie zur Verfügung, um sich und andere zu unterstützen.

Gesetz der Liebe

Liebe ist, was sie schon immer war. Sie ist rein, sie ist Ruhe, sie ist bedingungslos. Immer wenn du ganz bei dir weilst, zum Beispiel in einer Meditation, und dein Herzchakra in der Mitte deiner Brust ganz öffnest, dann bist du. Du bist in der Liebe.

Liebe ist. Liebe ist bedingungslos. Liebe ist die tragende Kraft im Universum. Aus der reinen Liebe/dem Christusbewusstsein geht alles hervor und auch alles wieder zurück in die Einheit. Schlussendlich ist alles Liebe, und wie sich die Liebe ausdrückt, kann ganz unterschiedlich sein.

Liebe kennt keine Grenzen. Liebe ist nicht an einen Raum oder eine Zeit gebunden. Liebe ist ewig. Deshalb ist es auch eine Illusion, dass du von einem Partner, der weit fort von dir wohnt oder gestorben ist, getrennt bist. Liebe ist immer und ewig. Sie ist der Nektar, die Reinheit, die Klarheit. Wer wirklich gesund und heil sein möchte, darf wieder in die bedingungslose Liebe in seinem Herzen eintauchen. Das Christuslicht/die -liebe leuchtet im Herzen jedes Wesens. Heil sein heißt, ganz in diesem Licht der Liebe zu stehen. Das ist Erleuchtung. Ob du diesen Zustand jede Sekunde lebst oder nur in Momenten der Meditation ist eine Entscheidungssache. Diesen Bewusstseinszustand kann jeder erlangen und jede Sekunde leben, respektive sein. Da der Verstand jedoch wie ein Computer, der auf WLAN eingestellt ist, Programme von sich und anderen abspielt, gilt es achtsam zu sein. Du kannst dich entscheiden, deiner Herzintelligenz den Vorrang zu geben. Je stärker dein Herz in dir strahlt, desto weniger kann dein Verstand seine Programme durchziehen. Die Lösung ist, deinen inneren Tempel jede Sekunde zu erleuchten und ganz im Licht der reinen Liebe strahlen zu lassen. Denn du bist das Licht, der Weg und die unendliche Liebe, nach der sich jedes Wesen sehnt. Du darfst ganz in dir ankommen und wieder erkennen, dass ich und du eins sind.

„Ich bin, was du bist und du bist, was ich bin bis in alle Ewigkeit. Das ist das Gesetz der ewigen Liebe. Die Liebe liebt alle und alles. Sie ist. Ich Bin." Das ist Gott in dir.

Aus dem reinen Bewusstsein bist du entstanden. Die Liebe geht allem Großartigem voraus, sei es, dass Menschen ein Projekt mit „Herzblut" angehen oder einer Vision entgegengehen. Jeder Mensch trägt die Kraft der Liebe in sich. Diese gilt es wieder zu entfachen. Ein erster Schritt kann das Eintauchen in seine persönliche Mitte sein.

Deine persönliche Mitte/Liebe stärken

Schließe dazu deine Augen, tauche mit deinem Bewusstsein wie mit einem Lift von deinem Kopf hinunter in dein Herzchakra in der Mitte deiner Brust ein. Atme dabei tief durch deine Nase ein und aus. Verbinde dich bewusst mit der Quelle/Gott über deinem Kopf, indem du über deinen Kopf hinausatmest. Nimm Licht, Liebe und Freude von der Quelle auf und lasse sie in deine Körper strömen. Atme auch über deine Füße hinaus bis ins Herz von Mutter Erde. Nimm Licht, Liebe und Freude von Mutter Erde auf und lasse sie in deine Körper strömen. Tauche nun ganz in deinem Herzchakra in der Mitte deiner Brust ein. Öffne deinen inneren Tempel, indem du den rechten Lungenflügel (Seelen-flügel) und dann den linken öffnest. Erleuchte deinen Tempel, indem du die Kerze in deiner rechten Brust, in deiner linken Brust und in deinem Ich Bin in der Mitte deiner Brust anzündest. Verweile einem Moment in deiner Liebe.

Gesetz der Kinder

Kinder der Neuen Zeit brauchen Halt. Sie brauchen Stabilität und eine gewisse Struktur. Strukturen können den Kindern helfen, sich zurechtzufinden in dieser Welt. Außerdem brauchen Kinder viel Liebe.

Ideal ist, wenn die Kinder an ihre Begabungen (auch sensitive) erinnert werden. Regelmäßige Energiebalancen und Massagen unterstützen die Kinder von heute, ausgeglichener zu sein. Auch ist es wichtig, dass die Kinder Kontakt zur Natur und mit Tieren haben. Diese unterstützen sie dabei, rein zu bleiben und auf anderen Ebenen zu kommunizieren. Hektik sollte vermieden werden. Ruhe und Muse sind wichtig. Es sollte eine Balance zwischen Aktivität und Ruhe gefunden werden. Fernsehen und Computerspiele sind sehr hektisch und sollten in den ersten Lebensjahren wohldosiert eingesetzt werden. Beobachte deine Kinder, wie sie auf gewisse Dinge wie Ernährung, Computerspiele, Fernsehen etc. reagieren. Dein Kind zeigt dir, wenn es ihm zu viel ist.

Wenn deine Kinder leuchten, strahlen und lachen, dann hast du deinen Job gut gemacht. Nicht zu vergessen ist, dass die Kinder auch einen freien Willen haben, du kannst sie nicht vor ihrem Weg und ihren Erfahrungen bewahren. Du kannst deine Kinder jedoch gut auf diese vorbereiten, in dem sie lernen, bei sich zu sein.

Auch wenn sie lernen, sich energetisch zu reinigen und wissen, wie sie sich regenerieren, dann fallen ihnen gewisse Herausforderungen im Leben leicht.

Nicht zu unterschätzen sind Schulen. Die Kinder bringen in ihrer Aura die Themen der Eltern und ihres Umfelds mit. Kinder der Neuen Zeit helfen ihren Freuden, dass es denen wieder gut geht, indem sie sie zum Beispiel herausfordern, dass sie explodieren und es Streit gibt. Wird das Feuer eines Kindes durch einen Streit entfacht, dann lösen sich die Wellen aus dem Herzchakra heraus, die disharmonischen Energien beseitigen. Besonders Kinder, die sehr rein in ihrer Aura sind, benötigen genügend Zeit, damit sie sich immer wieder regenerieren und ihre Reinheit bewahren können.

Die Kinder der Neuen Zeit tragen viel Wissen und Weisheit mit sich. Sie sind Lehrer der Neuen Zeit. Sie bringen Wissen, das der heutigen Zeit noch voraus ist. Auch dürfen sie sich oft in den ersten Lebensjahren noch an die Schwingungen auf der Mutter Erde gewöhnen. Die ersten drei bis neun Lebensjahre sind für sie prägend. Alles, was in dieser Zeit um sie herum geschieht, sortieren sie. Sie lernen durch die Vorbilder im Umfeld. Wenn du dir selber gut schaust und siehst, dass du in der Ruhe bist, dann hast du schon viel als Elternteil geleistet.

Die Kinder der Neuen Zeit haben ihre eigenen „Regeln". Sie lieben die Freiheit. Sie sind aus dem Himmel und leben die Freiheit. Die Eltern führen die Kinder durch das „normale Leben" und die Kinder dürfen lernen, mit den Regeln in dieser Welt umzugehen. Je mehr Halt du selber hast, desto leichter fällt es ihnen. Auch darfst du ihnen deine Grenzen zeigen, damit sie wissen, wo diese sind. Je klarer du bist, desto leichter können sie in ihrer Klarheit sein. Führe sie mit deiner Klarheit und mit deiner Ausrichtung.

Tipps für Eltern:

- Schau, dass die Aura deiner Kinder immer wieder gereinigt wird, zum Beispiel durch Baden/Duschen, energetische Behandlungen, Waldspaziergänge.
- Gib deinen Kindern genügend Freiraum, damit sie ihr Wesen leben können.
- Setzte ihnen klare Grenzen, damit sie auch in der Gesellschaft leben können.
- Schau immer wieder, was dein Kind im Moment benötigt: Einmal ist es viel Kuscheln, ein anderes Mal ist es, klare Grenzen zu setzen. Wenn du täglich eine Balance zwischen Kuscheln, Liebe und Grenzen schaffst, dann bekommt dein Kind immer eine gute Dosis von allem.
- Schöne Märchen oder Hörkassetten/CDs helfen deinen Kindern zu träumen und in eine heile Welt einzutauchen, wo sie Kraft tanken können.
- Schaffe in deinem zu Hause eine Oase der Kraft, der Regeneration, der Liebe und der Freude, sodass sich alle Familienmitglieder wohlfühlen.
- Sorge täglich dafür, dass du mit deinen Kindern etwas unternimmst, das euch Freude macht und euch gut tut. Das kann auch ein Nachmittag zu Hause mit Kuscheln auf dem Sofa sein oder eine gegenseitige Massage. Es darf auch mal ruhig sein.
- Achte auf eine gesunde Ernährung, die deinen Kindern viel Sonnenlicht spendet (sonnengereifte Nahrung). Selbstverständlich darf es auch mal etwas Süßes sein. Mehr zur gesunden Ernährung erfährst du in meinem Buch „Die Schlüssel für deine Gesundheit". Hier findest du auch Kuchen-/Keksrezepte mit Ahornsirup, Kokosöl und Dinkel- oder Reismehl. Lass deine Kinder auch mal Dinge aus dem Nahrungsmittelgeschäft ausprobieren, damit sie verschiedenes kennenlernen und später weniger ausprobieren wollen.
- Achte darauf, dass deine Kinder beim Aufstehen Entspannung haben und dass du zum Beispiel zum Einschlafen eine schöne Geschichte vorliest, ein Gebet sprichst oder ein Mantra mit ihnen singst. Sie nehmen die letzten Eindrücke mit in den Schlaf. Diese sind wichtig.

Energiebalance für Kinder

Lege beide Hände auf die sieben Hauptchakren deines Kindes. Starte zum Beispiel vom Wurzelchara aufwärts und lasse über deine Hände von deinem Herzchakra ausgehend viel Liebe in jedes Chakra einströmen. Bleibe so lange auf einem Chakra, bis du das Gefühl hast, jetzt ist es ganz balanciert und genährt. Fahre dann mit dem nächsten Chakra vom Wurzel- zum Nabelchakra, zum Solarplexus, zum Herz-, zum Kehlkopfchakra, zum Dritten Auge bis zum Kronenchakra fort. Vielleicht legst du dich anschließend hin und dein Kind macht dir ebenfalls eine Energiebalance. Kuscheln zum Abschluss rundet die Balance ab.

Energetischer Schutz für Kinder, Erwachsene, Haus, Grundstück

Sprich folgenden Satz laut aus: „Ich umgebe mein Kind, evtl. auch das Haus, Grundstück den Partner und mich mit einem goldenen Licht und Liebe, sodass nur Liebe hereinkommt."

Danach schließt du mit der Merkaba-Segnung ab (vgl. Kapitel „Segnung"), sodass du das Gesprochene versiegelst und es auch längerfristig Wirkung hat.

Führe dieses Ritual täglich am Morgen, wenn du aufwachst, durch. Vor allem dann, wenn du das Gefühl hast, es ist intensiv in der Welt und um dich herum, lohnt sich dieser energetische Schutz.

Maria-Schutzgebet für Kinder

Das Maria-Schutzgebet ist ein starkes Gebet, das Mütter und auch Väter darin unterstützt, den Kindern Geborgenheit, Liebe und ein geschütztes Umfeld zu bieten. Wenn du dieses Gebet täglich in Hingabe aus deinem Herzen heraus betest, dann schaffst du deinen Kindern eine Plattform, damit sie ihr Potential auf der Erde leben können und es bewahren. Denn Kinder sind vollkommen. Sie kommen auf die Welt und tragen die Reinheit und das Gottesbewusstsein in sich. Je mehr du deinen Kindern einen geschützten, liebevollen Raum schaffst, wo sie klar wissen, wo deine Grenzen und die deines Partners sind, desto besser können sie sich entfalten und ein glückliches Leben leben.

Gebet:
Maria, Mutter Gottes, gebenedeit seist du unter den Frauen.
Lass uns den Himmel auf Erden manifestieren.
Lass uns ein Feld für unsere Kinder bereiten,
sodass sie ihr himmlisches Potential auf Erden leben.
Gib uns Schutz und deine Liebe.

Maria, Mutter Gottes, gebenedeit seist du unter den Frauen.
Lass uns deine Herrlichkeit leben.
Lass uns Mütterlichkeit, Liebe und
Geborgenheit unseren Kindern geben.
Gib uns Geduld, Aufrichtung,
Ehrlichkeit gegenüber uns selbst und anderen.

Maria, Mutter Gottes, gebenedeit seist du unter den Frauen.
Lass uns Grenzen setzen wo notwendig.
Lass deine Frucht der Liebe in uns wachsen,
so wie unsere Kinder mit uns wachsen.
Schütze meine Familie und mich vor Neid, Missgunst,
negativen Gedanken und üblen Nachreden.

Maria, Mutter Gottes, gebenedeit seist du unter den Frauen.
Umgib uns mit dem höchsten göttlichen Schutz.
Liebe für alle Ewigkeit. Jetzt und in alle Ewigkeit.

Gesetz der Partnerschaft

Wahre Partnerschaften beruhen auf der reinen Liebe, dem Christusbewusstsein. Sie sind bedingungslos, was nicht heißen möchte, dass man einander nicht sagt, wenn etwas nicht stimmig ist. Jeder liebt den anderen wie er ist und unterstützt ihn auf seinem Weg. Wahre Partnerschaften stellen keine Bedingungen an das Zusammensein. Es ist so, wie es ist, stimmig. Die Partner unterstützen sich in ihrem Wachstum und haben Freude am Erfolg und Wachstum des anderen. Wahre Partnerschaften entstehen aus der Reife des Herzens. Die Seele erkennt das Gegenüber als den an, der er wirklich ist.

Zwei Wege führen zu wahren Partnerschaften:
- Bestehende Partnerschaften wachsen empor auf die „Diamantebene" der wahren Partnerschaften. Dies bedingt, dass alles Alte, alle Überzeugungen und alles, was bis jetzt in der Partnerschaft war, losgelassen wird. Der Partner wird mit neuen Augen betrachtet und es wird der Weg der bedingungslosen Liebe von beiden Partnern gelebt. Es gibt kein Zurück mehr. Alles ist jetzt, nicht morgen oder gestern. Es geht um das JETZT.
- Diamant-Partner begegnen sich und sie entscheiden sich in diesem Leben, ein Paar zu sein (mehr dazu unter „Wiederbegegnungen"). Wie lange die Partnerschaft dauert und wie sie gelebt wird, ist ebenfalls die Entscheidung beider und es ist so, wie es ist, stimmig.

Wiederbegegnungen

Fast alles, was bis jetzt über Partnerschaften geschrieben und gedacht wurde, sind Illusionen. Illusionen aus dem Blickwinkel des Betrachters. Das Thema Seelenpartner und Liebespartner ist viel leichter, als es aus der Perspektive der Dualität gesehen wird.

Viele Seelen sind bereits viele Male auf der Erde inkarniert und existieren auch im Universum auf verschiedenen Ebenen. Während diesen Inkarnationen hat die Seele verschiedene Partner, Liebhaber, Kinder, Freunde gehabt. Diese Seelen begegnen sich jetzt wieder. Denn jede von ihnen trägt Wissen, welches auch den anderen unterstützt, wieder in die Einheit zurückzugehen. Diese Wiederbegegnungen lösen manchmal Verwirrung aus und lassen die alten Liebesgefühle wieder hochkommen. Die Seelen haben nun die Wahl, wie sie mit diesen Begegnungen umgehen. Schlussendlich ist eine Partnerschaft eine Entscheidung von zwei Seelen, die Ja sagen. Wie lange das „Ja" hält, das ist ebenfalls Entscheidungssache. Alles ist so einfach. Deshalb ist es wichtig, immer einen klaren Blick bei solchen Zusammentreffen zu haben. Du kannst dir in solchen Momenten folgende Fragen stellen, sie schaffen Klarheit:

- Was möchte mir diese Wiederbegegnung sagen?
- Was ist meine Lektion in dieser Wiederbegegnung?
- Woher kenne ich diese Seele? Wie waren wir in anderen Leben/im Universum miteinander verbunden?
- Wie sieht der weitere Weg mit mir und dieser Seele aus (Zukunftsperspektive)? Wie geht es mit uns weiter?
- Was sind meine Wünsche und Bedürfnisse in dieser Partnerschaft?
- Wie möchte ich diese Partnerschaft leben?

Für die Fragen eigenen sich auch Rückführungen mit einem Spirituellen Lehrer. Wenn du selbst geübt bist, dann kannst du für dich in andere Ebenen und Zeiten reisen und schauen, woher ihr euch kennt. Dies schafft Klarheit und hilft auch, zukünftige Verstrickungen zu verhindern.

Seelenpartner

Es wird in der Literatur immer wieder von Seelenpartnern gesprochen. Das sind Seelen, die aus derselben Ebene im Universum stammen. Sie haben dieselbe Seelenschwingung. Seelenpartner können sowohl

Männer als auch Frauen sein. Es kann zum Beispiel sein, dass ich mit einem Seelenpartner gleichen Geschlechts in einem Geschäft arbeite.

Du hast ganz viele Seelenpartner. Außerdem trägst du meistens verschiedene Seelenanteile in dir. Der eine ist ein Buddha, der andere ist eine Göttin usw. Je mehr du in das Einheitsbewusstsein, in das Bewusstsein der Quelle eintauchst, erkennst du, dass „Ich bin Partner", „Ich bin Spirituelle Lehrerin", „Ich bin Mama" alles Etiketten sind. Du bist schlussendlich alles. Du entstammst aus der einen Quelle und gehst wieder in sie ein. Auf dieser Ebene bist du Seelenpartner von allen.

Ziel in dieser Inkarnation ist für viele Wesen, den Himmel auf Erden zu leben. Dazu treffen und begegnen sich Seelen, die sich gegenseitig von der Schwingung her unterstützen. Auch tauschen Seelen miteinander Wissen aus. Es gibt nicht nur den einen Seelenpartner, es gibt ganz viele in deinem Leben. Die Frage ist, ob er deinen Wünschen entspricht. Öffne dich für die vielen Möglichkeiten auf der Erde, indem du manchmal den Alltag für einen Moment loslässt und dich in auf höhere Ebenen einschwingst, indem du zum Beispiel ganz in dein Herzchakra eintauchst. Auch Wellnessreisen auf andere Ebenen, beispielsweise die Meereswelt, Feenwelten etc. sind Möglichkeiten, wie du dich regenerieren kannst. Die Lichtebenen können dich dabei unterstützen, neue Kraft zu tanken. Schau auch immer wieder den ganzen Tag, dass du ganz verbunden bist. Du bist ein reiner göttlicher Kanal. Du verbindest Himmel und Erde, wenn du dir das wünschst. Du hast beide Füße fest auf dem Boden und dein Kopf ist zum Himmel geöffnet.

Lass los und vertraue. Alles, was jemals geschrieben wurde, ist wahr. Die Frage ist, ob es deiner Wahrheit entspricht. Möchtest du den Himmel auf Erden leben, dann tauche ein in die Neue Zeit. Hier ist alles möglich, denn du manifestiert in Liebe und mit deinem Bewusstsein dein Sein auf Erden. Beginne noch heute. Fahre jeden Tag damit fort. Alles ist ganz leicht. Wünsche dir etwas, glaube, vertraue, und es wird dir geschehen.

Diamant-Partner

In der Neuen Zeit treffen Wesen aufeinander, ich nenne sie Diamant-Partner. Es begegnen sich im Moment viele Seelen, die sich aus anderen Leben bereits kennen. Sie treffen aufeinander, teilen einen Moment oder eine längere Zeit miteinander. Mit welchem Partner du in der Neuen Zeit eine gewisse Zeit/ein Leben teilst, liegt in der Entscheidung von den zwei Seelen. Den in diesem Leben kann es sein, dass dein früherer Partner ein Leben lebt, das heute nicht mehr zu deinem passt. Wenn dich ein Mensch stark anzieht, dann kann es sein, dass du ihn aus einem früheren Leben bereits kennst.

Diamant-Partnerschaften kannst du mit jedem leben, der im Christusbewusstsein ist und die bedingungslose Liebe von Herz zu Herz lebt. Partnerschaft ist wie gesagt eine Entscheidung von zwei Menschen. Voraussetzung für eine Diamant-Partnerschaft ist eine ganzheitliche Sichtweise. Nur Menschen, die offen sind für Spiritualität, können solche Partnerschaften führen. Denn das Christusbewusstsein hat eine andere Schwingungsfrequenz als die duale Ebene. Es ist die Schwingung des Seins, der reinen Liebe. Du entscheidest, auf welchen Ebenen du dich aufhältst. Gehst du den Weg des Herzens, denkst und schaust du mit deinem Herzen, dann lebst du eine Herzpartnerschaft. Spürst du die magnetische Kraft des Diamants in dir zum Diamant deines Partners? Aktiviere deinen Diamanten durch tiefe und bewusste Herzatmung. Lass ihn leuchten und strahlen und ziehe das in dein Leben, was dich glücklich macht. Leben im Jetzt und lebe, was jetzt für dich stimmig ist.

Diamant-Partner gehen Seite an Seite und unterstützen sich. Sie lassen sich den Freiraum, den jeder braucht, um sein Wesen zu leben. Frei zu sein ist wichtig. Leben in Freiheit, denke frei und fühle dich frei. Wie sieht dann dein Leben aus? Das braucht viel Toleranz und auch immer wieder das Erkennen, wo man im Moment steht. Die Wesen wachsen Seite an Seite. Sie lieben sich, so wie sie sind. Sie kennen sich manchmal schon viele Leben. Manchmal haben sie nur ein oder ein paar Leben oder auf anderen Ebene miteinander Zeit verbracht. Vielleicht ist es auch das erste Mal, dass ihr euch als Liebepaar begegnet und bereit für ein Miteinander seid. In Momenten von solchen Zusammentreffen und auch danach gilt es, bewusst und klar hinzuschauen. Denn auf Erden sind die Emotionen, die eine Seele mitreißen können.

Diamant-Paare lieben sich um der Liebe Willen. Liebe ist das, was du in deinem Herzen trägst und bei dir gedeihen lassen und ausdehnen kannst. Das Gegenüber kann dir nur deine Liebe spiegeln. Es ist jedoch immer deine Liebe in deinem Inneren. Je mehr Liebe du für dich empfindest und Ja zu dir und deinem Wesen sagen kannst, desto mehr Liebe kannst du für ein anderes Wesen fühlen.

Der Schlüssel, dass Diamant-Partner eine Partnerschaft auf einer höheren Ebene leben können, ist Klarheit und Bewusstsein. Je mehr es den Partnern gelingt, bei sich zu sein, ihre Aufgabe zu erfüllen, ihrer Mission zu folgen, desto besser können sie auch den Partner in seinem Sein lassen. Es braucht auch viel Toleranz, denn Diamant-Partner lassen sich nicht formen. Sie sind bereits geschliffen. Sie wollen sie selbst sein. Sie wollen frei sein. Wie jemand Freiheit definiert, ist aber ganz unterschiedlich. Sie leben ihr Leben.

Wünschst du dir deinen Diamant-Partner, dann lade ihn ein. Erstelle dir dazu eine Liste, wie dein Partner sein soll. Was wünschst du dir an deinem Partner? Überlasse es auch deinen geistigen Helfern, noch weitere Eigenschaften hinzuzufügen, an die du vielleicht im Moment nicht gedacht hast. Lies diese Liste immer mal wieder für dich durch und übergib sie zum Beispiel den Pegasus-Wesen, die dir den richtigen Partner bringen sollen. Freue dich bereits jetzt, bis dein Wunsch in Er-Füllung tritt. Vertraue jeden Tag darauf, dass er zur passenden Zeit kommt. Sei offen für Zeichen des Universums. Denn manchmal steht der passende Partner vor dir und du darfst ihn auch als solchen erkennen.

Bitte die Pegasus-Wesen, dir den Diamant-Partner zu bringen. Halte deine Augen offen, denn er steht in unerwarteten Momenten vor dir. Lass dich anschließend von deinem Inneren leiten. Wirf deshalb alles über Bord, was du bis jetzt über Partnerschaften gehört hast. Lass dich nur von deinem Herzen leiten und wünsche dir, wie die Partnerschaft sein soll. Durch deine Wünsche manifestierst du.

Achtung: Es kann auch sein, dass Wiederbegegnungen mit Seelen stattfinden, die nicht deiner Wunschliste entsprechen. Es werden auch Seelen angezogen, die gerne mit einem zusammen wären, die du dir jedoch als Liebespartner nicht vorstellen kannst.

Wie eine Diamant-Partnerschaft gelingt:
1. Erstelle eine Wunschliste und lade den Partner ein.
2. Heiße ihn willkommen und lass dich von deinem Herzen führen.
3. Manifestiere, respektive wünsche dir immer wieder, was dir wichtig ist. Schau, ob die Wünsche aus deinem Herzen kommen oder deinem Ego entspringen. Folge deinen Herzenswünschen.
4. Lass dein Ego los.
5. Spring über deine Grenzen und betrete Neuland.
6. Lass dich immer wieder von deinem Herzen leiten.
7. Begegne deinem Partner jeden Tag neu.
8. Sei flexibel und schau immer wieder, was die Partnerschaft/ der Partner im Moment braucht.
9. Schau auch immer wieder, was du im Moment brauchst.
10. Bleib bei dir, lass deshalb jeden Tag die Bindung zu deinem Partner los. Jeder von euch soll frei sein und sein Leben leben.
11. Sei dankbar für die schönen Momente, die ihr gemeinsam genießen könnt.
12. Nimm dir genügend Zeit für deine persönlichen Bedürfnisse. Verbringe immer mal wieder einen Tag/einen Moment für dich.
13. Genieße es. Manifestiere täglich Freude. Du kannst dir zum Beispiel folgende Manifestation von Herzen sagen: „Ich lebe meine Diamant-Partnerschaft in Liebe, Freude und Freiheit."

Bindungen zum Partner lösen

Erzengel Michael vor mir, hinter mir, über mir, unter mir, rechts von mir, links von mir, löse alle Banden und Verstrickungen in allen Ebenen, Zeiten und Dimensionen von mir. Löse auch alle Illusionen von mir und lass mich klar sehen.

Diamant-Partnerschaften leben

Atme täglich, auch wenn du mit deinem Partner zusammen bist, tief ein und aus. Atme dein Sein in dein Herzchakra ein. Deine Füße stehen fest auf dem Boden und deine Krone, das Kronenchakra, ist schön geöffnet. Spüre deinen Raum um dich herum und spüre auch die Energie deines Partners. Was braucht er/sie im Moment? Wenn du diese Frage stellst, dann nimm Kontakt mit seinem Herzchakra auf, da, wo der Sitz seiner Seele ist, und stelle in Gedanken die Frage. Du kannst x-beliebige Fragen gedanklich an sie/ihn stellen und du wirst von seinem/ihrem Unterbewusstsein Antworten erhalten. Die Kommunikation der Neuen Zeit kann ohne Worte stattfinden. Du kannst spüren, wie es deinem Partner geht und du kannst gedanklich kommunizieren. Oftmals sind weniger Worte mehr. Die Stille und der achtsame Umgang mit deinen eigenen Bedürfnissen und Wünschen und denen des Partners schaffen Raum für glückliche Partnerschaften.

Je mehr du dein Leben lebst und deinen Partner sein Leben leben lässt, desto zufriedener ist jeder von euch. Jeder hat durch den Raum, den ihr euch gebt und auch lasst die Möglichkeit, sich frei zu entfalten. Für eine Partnerschaft braucht es dann auch qualitative Momente des Miteinanders. Ein Miteinander, wie es für beide stimmig ist. Auch Berührungen und Zärtlichkeiten sind wichtig.

Sorge in deiner Partnerschaft für Nähe und Freiräume. Stelle dir dazu ein Gummiband vor, ein unsichtbares, glitzerndes Diamant-

Liebesband, das euch über eure Herzen verbindet. Es ist wie ein Sternenweg vom einen Herz zum anderen. Dieses Band ist dehnbar und es führt auch wieder zusammen. Vertraue, dass alles zu seiner Zeit genau stimmig kommt und stimmig ist.

Gewisse Dinge machen manchmal erst im Nachhinein Sinn. Vertraue, und vor allem richte dich immer wieder nach dem aus, wie es sein soll.

Hattest du den Wunsch nach einer Diamant-Partnerschaft und hast du einen deiner Diamant-Partner gefunden, dann sei achtsam. Achte deine Wünsche und die deines Partners. Findet einen Weg, gemeinsam die Grenzen des Gegenübers zu wahren.

Fragen, die dich dabei unterstützen, eine Diamant-Partnerschaft zu leben:
- Was wünsche ich mir von tiefstem Herzen in dieser Partnerschaft?
- Gibt es Grenzen im Leben in einer Partnerschaft, die für mich sehr wichtig sind?
- Gibt es Dinge, die ich noch loslassen darf, zum Beispiel Verletzungen aus früheren Partnerschaften, damit ich diese Diamant-Partnerschaft leben kann? Mit dem nachfolgenden Ablösungsritual kannst du diese lösen.

Wenn du im Zusammensein mit deinem Partner an Grenzen stößt und du Emotionen spürst, die für dich unangenehm sind, dann heiße diese willkommen und transformiere sie durch die Liebe aus deinem Herzchakra, vgl. „Ablösungsritual".

Ablösungsritual – Emotionen lösen, damit eine goldene Partnerschaft gelebt werden kann

1. Du kannst die Ablösungsmeditation mit geöffneten oder geschlossenen Augen durchführen. Nimm dazu eine entspannte Position ein. Atme bewusst tief durch die Nase ein und aus. Verbinde dich mit deiner Atmung.

2. Konzentriere dich voll und ganz auf das Thema, welches dich im Moment beschäftigt oder welches du loslassen möchtest. Benenne dieses Thema, zum Beispiel unangenehmes Gefühl im Bauch, Stress mit meinem Freund, Ungeduld.
3. Du sagst dir innerlich: „Ich schließe das Thema X (benenne es wieder) und alles, was damit zusammenhängt, in mein Herzchakra ein."
4. Schenke dir in Liebe ein Lächeln nach innen in dein Herzchakra und lass anschließend das Thema X und alles, was damit zusammenhängt, aus deinem Herzchakra deine Wirbelsäule hinab in Mutter Erde fließen. Die transformierten Themen fließen nun dorthin zurück, wo sie hingehören.

Es kann sein, dass ein Thema wieder auftaucht, vielleicht in anderen Facetten. Dann wiederhole die Übung. Sei dankbar, dass du dir bewusst bist, was dich blockiert, und arbeite daran. Wichtig ist das Bewusstsein, die Akzeptanz. Mach es in Liebe.

Liebesgebet für „Diamant-Partnerschaften"

Oh Christus in mir, um mich herum und durch mich durch. Leuchte wie ein Diamant in mir.

Für neue Partnerschaften: Lass mich wie ein Diamant-Sternenhimmel leuchten und die passende Diamant-Partnerschaft in mein Leben ziehen.

Für bestehende Partnerschaft:
Lass mich mit meinem Partner eine Herzverbindung leben.

Für alle:
Lass mich meinen Diamanten und all die Dinge in mein Leben ziehen, die ich mir wünsche und die mich glücklich machen.

Oh Christus in mir, lass dein Licht in meinem Herzen, in meinem Kopf und meinem Bauch strahlen, sodass ich frei und bereit für diese Diamant-Partnerschaft bin.

Oh du Diamant, leuchte in mir, um mich herum und durch mich durch. Lass mich meine Diamant-Partnerschaft auf der Ebene des Christusbewusstseins leben und auch immer wieder erkennen und betrachten.

Dank sei dir. Ich grüße dich. Dank sei dir für deine Liebe, deinen Schutz, dein Strahlen. Danke den Diamanten in mir. Danke den Diamanten in meinem Partner. Danke.

Gesetz des Geldes

Du kannst nach materiellem Reichtum streben. Denk daran, dass das wahre Glück der allumfassende Reichtum in dir ist. Hier findest du die Liebe, die du vielleicht früher bei einem Partner gesucht hast. Alles Geld der Welt macht dich nicht glücklich. Es ist ein Hilfsmittel, mit dem du dir leisten kannst, was du dir wünschst. Sei dankbar für den materiellen Reichtum, den du, wenn du ihn dir wünschst, wie ein Magnet anziehst. Wisse, dass materieller und spiritueller Reichtum zusammen der wahre Reichtum auf der Erde sind.

Geld ist reine Energie. Sie wurde vom Menschen zu Noten und Münzen geformt. Auf anderen Schwingungsebenen ist alles reine Energie. Auf der Erde verdichten sich Energien, sodass sie eine physische Gestalt annehmen. Deshalb kannst du gedanklich Geld in dein Leben einladen. Wichtig ist, dass du an deine Manifestationskraft, deine Schöpfungskraft, glaubst. Allem, was du Beachtung schenkst, das wird von deiner Aufmerksamkeit genährt. Schenke nicht nur deinen Freunden, deinen Kindern, deinen Geschäftskollegen Beachtung, „be-achte" auch das Geld. Schätze es, wenn du es in der Hand hast, und zeige ihm deine Liebe. Gib es mit Freude aus und wisse, dass es in einem Vielfachen wieder zu dir zurückkommt.

Hast du Geldsorgen und wünschst du dir, deinen Lebensunterhalt zu decken und dass du dir leisten kannst, was du gerne hättest? Dann tauche in dein Inneres ein. Suche es nicht im Außen. Bist du im Mangel, dann richtest du Sorgen nach außen und es kommt noch mehr von dem zu dir, was du dir nicht wünschst. Richte dich nach innen, tauche in dein Herzchakra ein und lade Reichtum durch ein Lächeln aus deinem Herzen in dein Leben ein. Bleib bei deiner Ausrichtung. Glaube, und es kommt in dein Leben.

Sei dir bewusst, dass der Reichtum des Universums in deinem Herzchakra liegt. Dein Ich Bin ist der urgöttliche Teil, welcher ganz in Einheit ist. Wünschst du dir mehr Geld? Dann tauche in deinen inneren Tempel ein, mache dazu zum Beispiel eine Herzmeditation. Auch die Heilmethoden der Neuen Zeit wirken unterstützend. Ein Spiritueller Lehrer, der mit den Neuen Heilmethoden deinen Körper flutet und dich auf höhere Schwingungsebenen bringt, wirkt unterstützend.

Blockaden auflösen

Immer wenn du spürst, dass du in einer Sackgasse bist, dann reinige dich energetisch und physisch, zum Beispiel indem du ein Bad nimmst. Atme tief und bewusst reines Licht in jedes Chakra. Finde die Kraft in deinem Herzen. Tauche dazu in dein Herzchakra ein. Spüre die Wärme, die Kraft in deinem Inneren. Stelle dir anschließend vor, du stehst unter einer Lichtdusche und wirst mit reinem Licht genährt. Lass dich berieseln und nimm diese Kraft in jede Zelle, in jede Pore, in jeden Teil deines Körpers auf.

Dehne, wenn du dich genährt fühlst, durch deine Atmung dein Licht und deine Liebe in deinem Herzchakra wie eine Sonne aus. Durch dein Licht aus deinem Herzen stabilisierst du deine Aura/dein Energiefeld. Falls du noch Blockaden spürst, dann lass die Sonnenstrahlen aus deinem Herzen diese Felder heilen. Sie werden ganz golden durch die Berührung deines Herzenslichts und dadurch geheilt. Sie werden lichtvoll und schwingen in einer wunderschönen Energie, die dir für dein Weiterkommen zur Verfügung steht.

Geld manifestieren

Tauche ganz in dein Herzchakra ein, indem du die Herzmeditation aus diesem Buch oder die oben stehende Übung „Blockaden lösen" machst.

Wenn du aus deinem Herzen wie eine Sonne strahlst und dich wohlfühlst, dann sende gedanklich deine materiellen Wünsche aus. Du kannst zum Beispiel sagen: „Ich lade materiellen Reichtum in mein Leben ein. Ich kann mir alles leisten, was ich mir wünsche." Wichtig ist beim Manifestieren, dass du auch an das glaubst, was du sagst.

Immer wenn jetzt Geld in dein Leben kommt, dann bedanke dich von ganzem Herzen dafür und lade noch mehr davon ein. Dadurch aktivierst du, dass noch mehr kommt. Die Energien um dich herum wissen nun, dass du dich über materiellen Reichtum freust und sie bringen dir noch mehr in dein Leben. Wichtig ist, dass du beim Manifestieren ganz in deinem Herzen verankert bist und dein Herzchakra ganz geöffnet ist. Auch die Dankbarkeit kann ihre Magnetwirkung nur entfalten, wenn sie aus deinem Herzen kommt. Reichtum aus deinem Herzen zieht äußeren Reichtum an, wenn du ihn dir von Herzen wünschst. Wichtig ist, dass du bewusst materiellen Reichtum manifestierst. Dieser Wunsch zieht Geld in dein Leben. Liebe es und öffne dich auch immer wieder für den Reichtum des Universums und den Reichtum in deinem Inneren.

Wenn alles nicht klappt, was dann? Du weißt nicht mehr weiter? Dann empfehle ich dir ein Reset durch einen Spirituellen Lehrer, der mit Neuen Heilmethoden arbeitet. Oftmals kann es sinnvoll sein, das gesamte System zu klären und wieder mit neuer Energie aufzuladen.

Es ist jetzt die Zeit der Wunder, des Reichtums. Jeder Mensch, jedes Wesen hat das Recht auf Reichtum. Es steht auch dir zu. In der Neuen Zeit hat der Mensch kein Karma aus anderen Leben mehr, welches er abarbeiten muss, damit er weiterkommt. Es kann jedoch sein, dass dein System immer noch einen Film abspielt, der dir nicht mehr dienlich ist. Du hast jeden Tag, jeden Moment die Wahl, ob du etwas Neues erleben möchtest oder ob du das Alte nochmals durchlebst. Ein erster Schritt ist das Erkennen. Mach jetzt die Resetübung.

Reset

Wenn du siehst, dass du etwas durchlebst, das du dir nicht mehr wünschst, dann mach jetzt einen Stopp. Sag dir zum Beispiel innerlich acht Mal: „Stopp." Sprich das Wort mit viel Kraft aus deinem Herzen aus.

Schau jetzt bewusst in eine andere Richtung. Konzentriere dich auf deine Atmung. Nimm dir einen Moment Zeit für dich, auch wenn es nur zwei Minuten auf der Toilette deiner Arbeitsstelle sind. Atme tief und bewusst. Lass gehen, indem du ein paar Mal aus deinem Mund ausatmest. Lass es gut sein. Lass los. Es ist alles gut. Du hast es erkannt.

Nun konzentriere dich wieder auf dein Herzchakra und richte dich gedanklich auf das Gewünschte aus. Sage dir zum Beispiel: „Ich manifestiere Lachen, Freude, Leichtigkeit, materiellen Reichtum in meinem Leben." Spüre die Energie des Lachens, der Freude, der Leichtigkeit, des materiellen Reichtums. Zaubere ein Lächeln auf dein Gesicht. Atme noch einmal tief und bewusst.

Mach einen Schritt nach vorne. Stelle dir vor, wie du in der Neuen Zeit stehst und du von dieser wundervollen Energie durchströmt wirst. Sie nährt dich und unterstützt dich dabei, Wunder in deinem Leben zu manifestieren. Ich wünsche dir von Herzen viel Freude, Leichtigkeit und Glück.

Gesetz der Spiritualität

Aus der Quelle heraus sind wir entstanden. Du bist ein Kind des reinen Lichts und bist aus reinem Licht entstanden. Das Licht wurde auf der Erde durch die Elemente Luft, Feuer, Wasser, Erde gefestigt, bis du ein wahres Menschenwesen wurdest. Geschaffen aus reinem Licht, dem Äther, gefestigt in der Materie. Du hast einen physischen Körper als Träger deines Lichts auf der Erde erhalten. Deinen Lichtmantel, deine Merkaba, darfst du nun wieder anziehen, um dich mit Leichtigkeit und einem Schutzkleid auf Reisen ins Universum zu begeben.

Liebst du das Licht? Liebst du die reine Liebe, die ein neugeborenes Erdenwesen auf die Welt bringt? Dann erinnere durch dein Leuchten andere Erdenwesen an ihr Licht, indem du aus deinem Herzen wie eine Sonne strahlst. Jeder trägt das reine Licht in seinem Herzen. Jeder Mensch hat diesen Schatz in seiner Herzkammer verborgen. Der Schlüssel zurück in die Ewigkeit ist die Liebe. Je mehr du deine Liebe in deinem Herzen entfaltest und dich als das erkennst, wer und was du wirklich bist, desto mehr gehst du in das Bewusstsein des Seins hinein.

Auch ein Blatt von einem Baum ist in einem ersten Schritt geistig (spirituell). Mit der Kirlianfotografie welche ermöglicht, die Aura von Gegenständen, Menschen und Tieren für das menschliche Auge sichtbar zu machen kann aufgezeigt werden, dass das Blatt bereits geistig besteht, bevor es sich physisch manifestiert. Der Ursprung von jedem Wesen ist die Quelle, Gott oder wie du es auch immer nennen möchtest.

Jedes Wesen ist Gott. Wenn du in dein Herzchakra eintrittst, dann trittst du in dein Gottesbewusstsein, dein Ich Bin ein. Ich Bin ist der Teil in dir, der immer im Gottesbewusstsein lebt. Lernst du, den Weg in dein Herz zu gehen, auf deine innere Stimme zu hören, welche dich leitet und begleitet, dann findest du den Weg zurück zu deinem wahren Sein. Wie du dieses Sein erkennen wirst, ist individuell. Jede Seele steht mit ihrem Bewusstsein an einem anderen Punkt der geistigen (spirituellen) Entwicklung. Die geistigen Gesetze zeigen sich auf die Art in deinem Leben, wie du sie erkennen und verstehen kannst.

Eines der wichtigsten Gesetze ist das Gesetz der Liebe. Die Liebe findest du in deinem Herzen. Wenn du auf dein Herz hörst, dann bist du geführt. Wenn du durch die Gabe des höheren Wissens in dein höheres Bewusstsein eintrittst, welches in deinem Stirnbereich liegt, dann kannst du durch Visualisierung deine Wünsche manifestieren. Du bist in diesem Moment Schöpfer und kreierst dir dein Leben. Lass dich durch deine Liebe leiten und schöpfe mit Liebe und Bewusstsein dein Leben, welches du dir schon immer gewünscht hast.

Jedes Wesen trägt den Reichtum in seinem Herzen. In dem Moment, wo du erkennst, dass immer für dich gesorgt ist und du im Vertrauen lebst, in diesem Moment hast du alle Möglichkeiten der Welt. Weshalb funktionieren Heilarbeiten bei Kindern so gut? Sie denken noch nicht so viel und lassen geschehen, was geschehen darf. Stell auch du mal für einen Tag deinen „Verstand" ab, Ver-Stand. Lass dich leiten und vertraue. Dann wird/

ist es gut. Es ist alles gut so, wie es ist. Und wenn du dir etwas anderes wünschst, dann ruf es aus deinem Herzen heraus ins Universum. Lade in dein Leben ein, was du dir wünschst. Lade Menschen, Umstände und Reichtum etc. in dein Umfeld ein. Bitte auch deine geistigen Helfer und Führer um Unterstützung. Sie stehen dir jeden Tag zur Seite und unterstützen dich. Achte täglich auf deine Gedanken, denn sie sind deine zukünftige Ernte. Stelle deine Projekte unter den höchsten göttlichen Schutz, indem du darum bittest.

Rede möglichst wenig über neue Ideen mit anderen Menschen, damit sie im Kern rein bleiben können. Wenn deine Projekte eine gewisse Reife erlangt haben, dann darfst du damit nach außen treten. Habe Geduld und Vertrauen. Lass dich leiten. Wenn du im göttlichen Fluss bist, dann geschieht alles zur richtigen Zeit am richtigen Ort. Du begegnest den passenden Menschen und alles in deinem Leben ist so, wie du es dir immer gewünscht hast. Vertraue. Denn dein Wille geschehe, wie im Himmel so auf Erden. Da dein und der Wille Gottes eins sind, bist du Schöpfer.

Gesetz der Freundschaft

Das Wort „Freundschaft" sagt es. Es hat mit Freude zu tun. Menschen, mit denen du befreundet bist, sollen für dich Freude sein. Ein guter Freund ist jemand, der in jedem Moment für dich da ist und dir zur Seite steht, wenn es dir mal schlecht geht. Er wertet nicht und lässt dich so sein, wie du bist. Und trotzdem ist er ehrlich. Er sagt dir offen seine Meinung. Diese lässt er so stehen. Du kannst damit anfangen, was du mochtest.

Freunde verstehen einander auch ohne Worte. Sie können über Augenkontakt oder auch gedanklich miteinander kommunizieren.

Wahre Freundschaften gilt es wiederaufzubauen. Die Basis ist das gegenseitige Vertrauen und der Wunsch, gemeinsame Stunden miteinander zu verbringen. Gute Freunde sehen sich manchmal lange Zeit nicht und dann treffen sie sich wieder regelmäßig. Freundschaften beruhen auch nicht auf Momenten des Zusammenseins. Es kann auch ein Gefühl von Freundschaft sein. Eine Verbindung zu einem geliebten Menschen, für den du ganz viel machen würdest. Wahre Freunde erkennst du an ihrer Ehrlichkeit, an ihrer Treue und an der Liebe zu dir. Sie haben dich so, wie du bist, sehr lieb.

Wie kannst du dir oder einem guten Freund heute ein Geschenk machen? Schenke Freude, indem du einen lieben Menschen in deinem Umfeld zum Lachen bringst. Lachen wirkt heilsam und löst Verhärtungen auf.

Wünschst du dir einen lieben Freund? Dann schicke deinen Wunsch ins Universum und lade den passenden Freund in dein Leben ein. Wenn du dein Herz bei deinem Ruf ins Universum ganz offen hast und so deinen Wunsch aussendest, dann kommt einer, der wirklich zu dir passt. Es ist auch immer gut, wenn du im Vorfeld weißt, wie der Wunsch-Freund sein soll. Du kannst dir dazu eine Wunschliste aufschreiben. Das Aufschreiben von Wünschen ist der erste Schritt der Manifestation. Du holst Wünsche, die bis dahin in deinem Kopf waren, in die Materie, sprich auf ein Blatt Papier.

Wann hast du das letzte Mal mit Freunden gelacht? Nimm dir noch diese Woche Zeit, dich mit einem geliebten Freund zu treffen. Gestaltet euer Treffen so, dass ihr eine schöne Zeit miteinander verbringt. Was macht ihr beide gerne? Was bringt euch zum Lachen? Was macht euch Freude? Wie könnt ihr eure Herzen zum Hüpfen und Tanzen bringen?

Freunde kommen und gehen und es gibt auch welche, die bleiben dir ein Leben lang. Lass es fließen und schaue jeden Moment, mit

welchen Freunden du gerne Zeit verbringst und welche Freundschaften im Moment eine Pause brauchen. Sei ehrlich zu dir und
anderen. Denn 90 Prozent der Kommunikation findet durch un-
bewusste Signale und Botschaften statt. Nur wenn du von Herzen
gerne Zeit mit jemandem verbringst, dann ist es eine bereichernde
Freundschaft respektive ein bereicherndes Treffen. Wenn du ehrlich bist, dann hilft es auch deinem Umfeld. Die anderen haben
dadurch die Chance, dasselbe zu tun. Je mehr Menschen ehrlich
und wahrhaftig sind, desto mehr kann der Himmel auf Erden
manifestiert werden. Immer mehr Seelen führen dadurch ein
glückliches Leben auf der Erde.

Suchst du Freunde? Sicher gibt es auch feinstoffliche Wesen, zum
Beispiel Engel an deiner Seite, die mit dir in Kontakt treten wollen.
Elfen spielen und lachen beispielsweise gerne auf einer Wiese. Sie
springen und tanzen gerne mit dir herum. Die feinstofflichen
Wesen lieben es, mit dir in Kontakt zu treten. Sie sind treue und
liebe Freunde. Sie sind immer für dich da. Du kannst mit ihnen
in Gedanken sprechen, ihnen ein Bild malen. Hast du eine Frage,
dann stelle sie an deine feinstofflichen Freunde. Lass deine Hand
die Antwort auf ein Blatt Papier aufschreiben, indem du dich leiten
lässt. Lass es fließen. Lies anschließend, was du aufgeschrieben hast.

Möchtest du Freundschaften, dann sei dir selbst in einem ersten
Schritt der beste Freund. Unternimm etwas Schönes mit dir.
Schau, dass es dir gut geht. Mach dir ein Geschenk. Ich schenke
mir auch immer mal wieder eine energetische Behandlung, die
ich mir selber mache. Und ich genieße die Momente mit mir.

Schenke Freude

Schenke Freude und erhalte wunderschöne Freundschaften, indem du jeden Tag Liebe aus deinem Herzen an dein Umfeld
verschenkst. Starte gleich jetzt damit. Ich wünsche dir einen
freudigen Tag mit schönen Begegnungen und Freundschaften.

Gesetz der Familie

Jede Seele stammt aus der Quelle. Im Großen sind alle Wesen eine Familie. Im Kleinen begrenzt der Mensch es auf seine physische Familie.

So viel schaut der Mensch auf seine physische Familie und vergisst seine kosmischen Eltern.
Familie, Kinder sind kein Eigentum. Kinder, die zu dir kommen, gehören dir nicht. Auch dein Partner gehört nur sich selber. Sobald du erkennst, dass eine Familie auf der Erde eine Gemeinschaft ist, in der es ein Miteinander und Selbstentfaltung gibt, werden die Wesen innerhalb deiner Familie wieder glücklich.

Auch innerhalb einer Familie auf der Erde können Partnerschaften auf gleicher Augenhöhe gelebt werden. Es gilt, eine Balance von irdischen Regeln und spirituellem Leben zu finden. Deshalb lohnt es sich bei Entscheidungen immer wieder, auf sein Herz zu hören. Tauche immer wieder in dein Herz ein und frage dich: „Was ist jetzt angebracht?" Sei konsequent und klar wo du spürst, dass deine Kinder, du oder dein Partner es brauchen. Sei ehrlich mit dir, mit deinen Gefühlen. Teile dich mit oder tritt einen Schritt zurück, wenn dein Herz es sagt. Dein Herz sieht alles. Dein Herz weiß und dein Herz hört alles. Schaue deshalb mit den Augen deines Herzens. Du kannst dir dazu vorstellen, dass es bei deinem Herzchakra Augen gibt, und du schaust durch diese hindurch. So wie bei einem Fernseher kannst du nun Dinge anschauen.

Wirf noch heute alles über Bord, was du je über Familiendasein, über Familie und wie „man" sich innerhalb einer Familie benimmt oder sein soll, gehört hast. Höre für das gemeinschaftliche Zusammensein/-leben in deiner Familie auf dein Herz. Wie soll es sein? Was hat jedes Familienmitglied für Wünsche und Bedürfnisse? Höre dabei auch auf deine eigenen Wünsche und Bedürfnisse. Wichtig für eine glückliche Familie ist, dass auch die

Eltern ihre persönlichen Grenzen respektieren und achten. Je mehr du deine Bedürfnisse anerkennst und ihnen Raum gibst, desto mehr lernen auch deine Kinder, innerhalb einer Gemeinschaft zu leben.

Wirf für einen Tag oder eine Woche auch alles über Bord, was du über das Muttersein/Vatersein gehört und vorgelebt bekommen hast. Lebe aus deinem Herzen heraus. Höre auch auf die Herzen deiner Familienmitglieder. Was brauche sie? Was wünschen sie sich von dir/von deinem Partner? Was brauchen sie, damit sie ihr Potential bewahren können? Führe diesen Testtag oder diese Testwoche durch und schaue anschließend, ob du so weiterleben möchtest oder nach vorgegeben Normen, wie ein Papa und eine Mama sein und was sie tun müssen.

Die Energie der Neuen Zeit gibt jedem Wesen viel Kraft das zu leben, was es ist. Je mehr du dein Leben lebst, desto mehr erlaubt sich auch dein Umfeld, sich zu leben.

Aus der Antrittsrede von Nelson Mandela 1994

Unsere tiefste Angst ist nicht,
dass wir unzulänglich sind,
unsere tiefste Angst ist,
dass wir unermesslich machtvoll sind.
Es ist unser Licht, das wir fürchten,
nicht unsere Dunkelheit.
Wir fragen uns: „Wer bin ich eigentlich,
dass ich leuchtend, hinreißend, begnadet und fantastisch sein darf?"
Wer bist du denn, es nicht zu sein?
Du bist ein Kind Gottes.
Wenn du dich klein machst,
dient das der Welt nicht.
Es hat nichts mit Erleuchtung zu tun,
wenn du schrumpfst, damit andere um dich
herum sich nicht verunsichert fühlen.

Wir wurden geboren, um die Herrlichkeit
Gottes zu verwirklichen, die in uns ist.
Sie ist in jedem Menschen.
Und wenn wir unser eigenes Licht
erstrahlen lassen wollen,
geben wir unbewusst anderen Menschen die
Erlaubnis, dasselbe zu tun.
Wenn wir uns von unserer eigenen Angst
befreit haben,
wird unsere Gegenwart ohne unser Zutun
andere befreien.

Gesetz der Be-Rufung

Deine Be-Rufung ist der Ruf deiner Seele. Sie hat den Wunsch,
ihr Potential und damit verbundene Möglichkeiten auf der Erde
zu verwirklichen. Jede Seele inkarniert in einen Menschen-
körper mit vielen Seelenanteilen, die alle besondere Fähigkeiten
und Potentiale haben. Je nach Phase des Lebens ist der eine oder
andere Seelenanteil dominant und es werden vor allem diese
Fähigkeiten genutzt. Mit der Zeit integriert der physische Körper
immer mehr Seelenanteile. Dadurch kann der Mensch auf immer
noch mehr Potential und Fähigkeiten zurückgreifen. Je mehr
eine Seele an sich gearbeitet hat, desto freier wird der Mensch
in der Wahl seiner Aufgabenfelder auf der Erde. Schlussendlich
steht die Seele da und ist ganz frei. Sie kann sich jede Sekunde
entscheiden, was für Aufgaben sie verwirklichen möchte und
welche Tätigkeiten, auch berufliche Tätigkeiten sie ausüben
möchte. Frei sein heißt, das zu leben, was du dir wünschst und
das zu verwirklichen, was dir im Moment entspricht. Du kannst
dich noch heute dafür entscheiden, dein Leben täglich neu zu
erschaffen und zu kreieren.

Viele Seelen, die im Moment inkarnieren, tragen große Heilfähigkeiten in sich. Sie spüren im Inneren den Wunsch nach Heilen. Diese Seelen sind auf die Erde inkarniert, um ihr Heil-Fähigkeiten im Transformationsprozess zur Verfügung zu stellen. Heilen kannst du auf viele Arten. Du kannst an einem Kiosk, in einem Kleidergeschäft, in einem Handwerksbetrieb oder Bankunternehmen arbeiten. Wenn du jeden Tag schaust, dass du du selbst bist und dein Licht aus deinem Herzen strahlst, dann bist du Heilung, wo immer du hingehst und wo immer du auch arbeitest.

Strahle dein Licht für die Heilung der Welt, deines Umfelds und für dich aus

Eine Möglichkeit, dein Licht zu auszustrahlen und in diesem Scheinen zu sein, ist das Mantrasingen. Es gibt viele schöne Mantras auf YouTube und auf CDs in spirituellen Geschäften zu kaufen.

Die Sanskrit-Sprache ist der Lichtsprache sehr nahe und somit sind die Texte, welche du beim Mantrasingen singst, sehr kraftvoll. Probiere es aus. Höre ein Mantra und singe mit. Die dazugehörigen Texte findest du im Internet. Du kannst sie ausdrucken und beim Mantrasingen mitsingen. Sitze dazu im Kniesitz „Seizasitz" hin. Richte deine Wirbelsäule auf. Öffne deine Herztüren, indem du den rechten und den linken Lungenflügel ganz aufmachst. Du kannst dir vorstellen, dass du in die Mitte deiner Brust, in deinen inneren Tempel eintrittst und die Türen ganz aufmachst. Wenn du nun ein Mantra singst, dann singe es aus deinem Herzchakra heraus. Gib dich ganz dem Text hin und bleibe trotzdem in deiner Präsenz. Damit du ganz klar bleibst, kannst du beim Singen die Augen offen lassen. Probiere es für dich aus.

Ein schönes Mantra zum Einstieg ist das Gayatri Mantra. Gayatri ist die göttliche Mutter beziehungsweise die schöpferische Kraft des Universums und man sagt, dass sie diejenigen, die dieses Gebet rezitieren, schütz und leitet.

Das Mantra preist die Sonne, eine Quelle des Lichts, des Lebens und der Beständigkeit und zudem die am hellsten scheinende Manifestation des Geistes. Mit dem Gayatri bittest du darum, dass dieser Geist dein Herz und Bewusstsein segnen möge.

Das Gayatri steht in Verbindung mit dem Sonnenaufgang und -untergang. Viele Menschen beten dieses Mantra zu diesen Zeiten, um die Qualitäten, die der Sonne traditionell zugeschrieben werden, Urvermögen, Reinigung und Erleuchtung, selbst zu erfahren.

Gayatri Mantra

Aum Buh Bhuvah Svaha
Tat Savitur Varenyam
Bhargo Devasya Dhimahi
Dhiyo Yo Nah Prachodayat

Du kannst auch „Om" für dich singen. Es ist der Urlaut des Universums. Möge das „Om" deine Gedanken und Absichten erhellen.

Weitere Mantren sind zum Beispiel das „Moola Mantra". Es hat den Menschen auf der ganzen Welt, die es gesungen oder gehört haben, großen Frieden und große Freude gebracht. „Om namo Narayanaya" ist ein Mantra für den Weltfrieden. Das „Aakhan Jor" Mantra zerstört das Ego und bringt die Unendlichkeit zurück. Es nimmt dir deine Ängste. Es gibt so viele schöne Mantras. Auch Kinder lieben es, Mantras zu singen.

Wie finde ich meine Berufung?

Viele Wege führen nach Rom. Ein Weg, den ich auf die Erde bringen durfte, ist das BERNARDI Profile®. Du kannst die Übungen welche dir aufzeigen, wer du bist, was du kannst und was beruflich und persönlich für dich passt, als Selbstcoaching mittels meines Buches BERNARDI Profile® durchgehen oder du gehst in eine Spirituelle Beratung bei einem von mir ausgebildeten Spirituellen Lehrer. Kontakte findest du auf meiner Homepage www.bernardi.li.

Du kannst auch zu einem Spirituellen Lehrer gehen, der dir in einer Sitzung sagt, was deine Be-Rufung ist. Meine Erfahrung ist, dass es für alle Menschen ein Prozess ist, bis auch sie bereit dazu sind, ihre Aufgaben wahrzunehmen. Deshalb bin ich immer vorsichtig, was ich den Menschen wann sage. Alles zur richtigen Zeit und am richtigen Ort. Wenn du auf deine innere Führung hörst, dann wirst du geleitet. Öffne dich deshalb für die Informationen, die Menschen, die Bücher und alles, was dich im Moment weiterbringt.

Ein guter Seismograf ist dein Herzchakra, deine Herzführung und dein physischer Körper. Dein Herz weist dir den Weg, der deiner Seele entspricht. Dein physischer Körper sagt dir jeden Augenblick, was für dich als Wesen stimmig ist und dir guttut. Wenn dein Körper müde ist, dann braucht er Erholung, damit er sich wieder auf eine harmonische Schwingung einstellen kann. Wenn du dich hin- und hergerissen fühlst, dann sagt dein Körper dir dies und du brauchst einen Moment zum bewussten Zentrieren, zum Beispiel durch tiefes und bewusstes Ein- und Ausatmen in deinen Körper.

Wenn du einen ersten Einblick in deinen Seelenweg erhalten möchtest, dann lass dich von der folgenden Meditationsanleitung führen.

Nimm etwas zu schreiben neben dich, damit du deine Erkenntnisse nach der Meditation aufschreiben kannst. Ich persönlich schreibe mir schöne Erkenntnisse aus meinen Meditationen und von meiner göttlichen Führung auf und lese diese immer mal wieder durch. Vor allem in Momenten, in denen du Motivation oder Ausrichtung brauchen kannst, lohnt es sich, diese Erkenntnisse wieder zu lesen. Sie bringen dich in eine schöne Schwingung und richten dich aus.

Dein Seelenweg

Lege oder setze dich bequem hin. Schließe deine Augen und atme tief ein und aus. Stelle dir vor, wie du von einer hell leuchtenden weißen Lichtsäule umgeben bist. Diese Säule reicht von der Quelle bis ins Herzchakra von Mutter Erde. Diese Säule ist nun dein Radiokanal. Du empfängst nur reine und klare Botschaften aus deiner göttlichen Führung.

Du öffnest jetzt deinen inneren Tempel komplett, indem du den rechten und den linken Lungenflügel ganz aufmachst. Tritt in dein Herzchakra ein und spüre einen Moment die Ruhe, die von diesem Ort ausgeht.

Nimm Kontakt mit deinem höheren Selbst auf, welches oberhalb deines Kopfes ist. Wenn du deinen Arm über deinem Kopf ausstreckst, dann berühren deine Finger den Sitz deines höheren Selbst. Damit der Kontakt hergestellt wird, konzentrierst du dich einen Moment auf den Sitz des höheren Selbst und ziehst dann gedanklich eine weiße Verbindungsschnur (eine reine Leitung) in dein Herzchakra. Nun tauchst du wieder in dein Herzchakra ein und empfängst alle Informationen, die du im Moment über deinen Seelenweg wissen solltest. Diese Informationen kommen in dein Bewusstsein über Bilder, deine innere Stimme, ein Wissen oder auch durch Gefühle. Sammle alle Daten. Du kannst auch Fragen an dein Höheres Selbst stellen wie zum Beispiel:

- Was sind die nächsten Schritte auf meinem Seelenweg?
- Was braucht meine Seele im Moment, damit sie glücklich ist?
- Was habe ich mir als Seele vorgenommen, auf dieser Erde zu verwirklichen?

Gesetz der Führung

Indem du in dein Herz eintauchst und dein Herz täglich ganz weit geöffnet hast, erhältst du die direkte Führung von Gott, denn dein Herzchakra ist Gott in dir. Du kannst dort alle Fragen stellen, die dich beschäftigen, und erhältst Antworten. Bereits als Kind hatte ich eine tiefe Verbindung zu Gott und habe mich auch immer als Gott gefühlt. Mein Großvater hat mir einmal in ein Poesiealbum folgenden Satz geschrieben: „Siege, aber triumphiere nicht." Ja ich siege täglich. Ich bin zutiefst dankbar, dass ich immer von Gott geführt wurde und mich auch immer mehr von diesen Impulsen leiten lasse. Heute weiß ich jedoch, dass wir uns auch selber führen dürfen, indem wir Ziele setzen. Wir müssen unsere Lebensbestimmung nicht exakt auf eine gewisse Weise erfüllen. Wichtig ist jedoch, dass wir unser tiefstes Inneres leben und nach außen strahlen. Dadurch sind wir ein Licht für alle um uns herum.

Lerne, dich von deinem Herzen und deinen göttlichen Helfern, Schutzengeln und Führern leiten zu lassen. Sei deshalb achtsam für die feinen Impulse um dich herum und in dir. Höre auf sie. Auch dein physischer Körper ist ein guter Führer. Er zeigt dir an, wenn dir etwas nicht guttut, sei es Essen oder seien es Energien, die im Raum sind. Es lohnt sich jedoch auch, sich manchmal bewusst Situationen im Leben zu stellen und mit seinem Licht/ seiner Liebe diese zu heilen.

Nimm dir täglich Zeit für dich, für Bedürfnisse und Wünsche, die du hast. Achte gut auf dich. Nähre alle deine Ebenen. Ich zum Beispiel frage mich täglich, was mir heute Freude macht und tue das dann auch. Wenn es Herumliegen ist, dann gönne ich mir dies, wenn es ein Spaziergang oder Joggen in der Natur ist, dann gehe ich in die Natur.

Auch deine Mitmenschen werden dir immer dankbarer sein, dass du dein Leben lebst. Denn wenn du dann mit ihnen aus Freude

Zeit verbringst, ist es qualitative Zeit. Dies ist ein Geschenk für dich und dein Umfeld. Auch zeigst du anderen Menschen, was sie auch tun dürfen. Du gehst als Führer voraus.

Meine Führung ist die Liebe aus meinem Herzen und mein Bewusstsein. Entscheide auch du dich, welches deine Leitfäden sind. Denn dann hast du einen Weg, der dich stützt, stabilisiert und dir und anderen Vertrauen und Sicherheit gibt. Du bist Wegweiser für dich und andere. Vor allem Kinder brauchen eine klare Führung. Ich führe meine Kinder durch meine Klarheit, Ehrlichkeit, Liebe und viel Bewusstsein für mich und sie. Täglich gehe ich den Weg der Liebe und des Bewusstseins. Immer wieder richte ich mich auf diesen Weg aus. Ich strahle mein Licht auch zum Wohle meiner Kinder, indem ich sie in meine Gebete und Meditationen integriere und trotzdem lasse ich ihnen viel Raum zur eigenen Entfaltung. Immer wieder zeige ich ihnen, wie sie sich selber heilen können und was der Weg zum Heilsein ist.

Ich strahle mein Licht zum Wohle aller aus. Strahle auch du für den Weltfrieden, für den Frieden und die Liebe in dir. Sei du, dann bist du ganz heil. Sei du, dann geht es dir gut. Erfinde dich täglich neu durch bewusstes Manifestieren. Manifestiere Energien, die es im Moment braucht, indem du sagst: „Ich manifestiere Liebe, Schutz, Herzverbundenheit, Partnerschaft etc. und danke allen geistigen Helfern und Führern für ihre Unterstützung." Manifestiere alles, was es im Moment braucht, damit es dir und den Menschen in deinem Umfeld gut geht. Sei achtsam mit deiner Wahl. Sie hat Wirkung.

Herzführung

Atme ein paar Minuten tief in dich, in dein Herzchakra, hinein.

Tauche dann durch die Atmung in dein Inneres, deinen Kern, in deinem Herzchakra ein. Verweile einen Moment und spüre die Liebe, die Wärme an diesem Ort. Genieße das Gefühl, ganz bei dir zu sein.

Bitte am Schluss um Führung und stelle zum Beispiel folgenden Fragen: „Was tut mir heute gut?" „Was brauche ich im Moment?" „Wie soll ich mit der Situation X in meinem Leben umgehen?"

Gesetz der Ernährung

Iss, was dich glücklich macht, was dich anzieht, was sich dein Körper im Moment wünscht. Achte bei der Wahl der Nahrungsmittel auf dein Körpergefühl. Durch Ernährung kannst du deine Schwingungen bewusst verändern. Schokolade zum Beispiel hilft Coachs und Therapeuten, welche schon sehr hoch schwingen, die Energien an die Welt anzupassen und sich zu erden. Auch Karotten erden, sodass die Kunden mit der Schwingung des Therapeuten/Coachs besser umgehen können.

Nahrungsmittel energetisieren

Jeder Mensch hat eine andere Schwingung. Da alles Energie ist, kann jedes Nahrungsmittel den persönlichen Schwingungen des Essers angepasst werden. Junkfood auf dieser Ebene des Bewusstseins gibt es nicht mehr.

Ich persönlich bevorzuge jedoch immer noch leichte Ernährung, asiatisches Essen und viel Flüssignahrung, weil ich ein leichtes Körpergefühl liebe und keine Lust habe, dauernd mein Essen zu energetisieren. Ich nehme jedoch auch mal ein Stück Fleisch, Eier, Zucker zu mir, wenn ich Lust darauf habe.

Möchtest du alles essen und trotzdem hochschwingende Nahrung zu dir nehmen? Dann kannst du deine Nahrung wie folgt energetisieren: Schwinge die Energie deiner Nahrung auf, indem du dich bewusst auf die Nahrungsmittel konzentrierst, deinen Blick auf die Nahrung richtest und anschließend bewusst isst. Du kannst deine Nahrungsmittel und Getränke auch segnen, vgl. das Kapitel „Segnung" in diesem Buch. So reicherst du sie mit Licht an und harmonisierst die Schwingung.

Transformationswasser

Du brauchst einen Krug mit Leitungswasser, Citrin, einen Rohdiamanent und ein paar Tropfen ätherisches Limetten- oder Zitronenöl. Für Kinder maximal einen Tropfen Öl ins Wasser geben.

Mehr über die „Lara Ernährung für den Lichtkörperprozess" findest du in meinem Buch: „Die Schlüssel für deine Gesundheit".

Lichtnahrungsprozess

Möchtest du dich von altem Ballast auf allen Ebenen befreien und deinen Körper auf höhere Ebenen aufschwingen, dann lohnt es sich, ein bis drei Mal pro Jahr einen Lichtkörperprozess zu machen. Auch ist es ideal für Menschen, welche als Heiler mit anderen Menschen arbeiten, ein bis drei Mal pro Woche einen Flüssigtag einzulegen. Dabei ist alles wie beim Softie Lichtnahrungsprozess erlaubt.

Die wichtigste Ernährung für den Menschen ist das Licht, welches durch seine Chakren in seine Nervenbahnen strömt und durch Sonnenlicht über die Haut aufgenommen wird. Licht ist Nervennahrung pur. Je mehr du dich von Licht ernährst, das ist auch während deiner normalen Ernährung möglich, desto mehr kann sich auch dein physischer Körper aufschwingen. Schau immer auf dich und höre auf dein Inneres. Es weist dir den Weg durch deine innere Stimme, durch Gefühle und durch Bilder. Was für den einen stimmig ist, kann für dich überhaupt nicht passen. Ich möchte dir hier eine Möglichkeit aufzeigen. Wenn du dich in das Thema Ernährung vertiefen möchtest, dann findest du weiterführende Infos auf meiner Homepage www.bernardi.li und in meinem Buch „Die Schlüssel für deine Gesundheit".

Ich habe mehrere Jahre lang vollständig auf Zucker, Milchprodukte, rotes Fleisch und längere Zeit auch auf Fisch und weißes Fleisch verzichtet sowie alle Zusatzstoffe und Weizen aus meiner Ernährung fortgelassen. Dadurch konnte mein ganzer Körper sich komplett regenerieren. Auch habe ich rund zwei Jahre nur von flüssiger Nahrung gelebt und über 40 Tage den Softie Lichtnahrungsprozess gemacht. Es war eine bereichernde Erfahrung. Meine Schwingung hat sich dadurch verändert. Es fanden Integrations- und vor allem Reinigungsprozess statt.
Was dein Weg ist, das weißt nur du. Lass dich von deinem Herzen führen. Probiere aus, wenn dich etwas anzieht. Du spürst rasch, ob es für dich stimmig ist. Wichtig ist, dass du wahrnimmst, ob ein Impuls aus dem Ego kommt oder aus dem Herzen. Lerne, die Sprache deines Herzens wieder zu hören, indem du täglich in dein Herzchakra eintauchst und Herzmeditationen oder stille Meditationen machst.

„Wenn mein Licht so hell leuchtet, dann verschwindet das Außen. Alles ist Licht, alles ist Gott. Es ist. Ich bin." (Lara)

Achte auch auf deinen Körper, wie du dich beim Essen fühlst und vor allem auch, wie es sich anschließend anfühlt. Der Mensch im Westen isst grundsätzlich zu viel. Sein Magen nimmt einen immer größeren Platz ein. Eine Handvoll Essen pro Mahlzeit genügt. Schau dir Kinder an. Gibst du ihnen naturbelassene Nahrung, dann essen sie relativ wenig. Vielleicht ein Schüsselchen voll, so wie bei den Asiaten.

Was der Softie Lichtnahrungsprozess bei dir bewirken kann:
- Schwingungserhöhung
- Heilung deines physischen Körpers
- Leichtigkeit im Sein, auch Leichtigkeit im Körper
- Ruhe und Gelassenheit, auch, wenn es um dich herum turbulent ist
- Du fällst viel weniger in deine Emotionen, da dein Bauch, welcher für die emotionalen Ebenen steht, nicht mehr arbeiten muss
- Gesteigerte Energie und Vitalität
- Reinigung für den Körper

Softie Lichtnahrungsprozess

Die geistigen Helfer um Unterstützung bitten, dass sie mich auf Lichtnahrung umstellen.

Eine Zeit (Startdatum) für meinen Lichtnahrungsprozess auswählen.

1. Woche nur Säfte mit Wasser (ganz flüssige wie zum Beispiel Orangensaft) oder Reismilch trinken, maximal 1 1/2 Liter Saft pro Tag.

2. und 3. Woche Smoothies (max. drei pro Tag) und Säfte wie zum Beispiel Orangensaft und/oder Gemüsebrühe, evtl. wenig Schokolade (selber gemachte Schokolade ohne geriebene Mandeln, vgl. „Die Schlüssel für deine Gesundheit", oder Xylit-Schokolade ohne Zucker und ohne Milchprodukte) oder selber gemachtes Nutella (1 Esslöffel pro Tag) essen.

4. Alles püriert essen bis zum 40. Tag, zum Beispiel Suppen, Smoothies (auch Ingwer und Avocados sind erlaubt), evtl. wenig Schokolade (selber gemachte Schokolade ohne geriebene Mandeln, vgl. „Die Schlüssel für deine Gesundheit", oder Xylit-Schokolade ohne Zucker und ohne Milchprodukte) oder selber gemachtes Nutella (1 Esslöffel pro Tag) essen.

Wichtig:

Während dem gesamten Prozess alle tierischen Erzeugnisse wie Eier, Milchprodukte, Fleisch etc. fortlassen.

Während dem gesamten Lichtnahrungsprozess immer wieder Pranaatmung und am Morgen den Lara-Pranaatmungsablauf (in alle Himmelsrichtungen) machen, evtl. mit Sonnengruß kombinieren. Dieser Ablauf wird in meinem neuen Buch „Die Schlüssel für deine Gesundheit" näher beschrieben und in schönen Grafiken dargestellt.

Gesetz des Todes

Ohne Leben keinen Tod, und doch ist aus energetischer Sicht nichts vergänglich. Alles, was jemals war und jemals sein wird, ist im Universum gespeichert.

Seelen kommen auf die Erde und verlassen sie wieder, um auf anderen Ebenen weiterzuwirken. Manchmal ist es so, dass uns ein geliebter Mensch, ein Tier etc. verlässt. Schau hinter den Schmerz des Verlassenwerdens. Alles hat einen klaren Grund und eine Wirkung. Wenn etwas geht, dann kann Neues daraus entstehen. Manchmal wirken Seelen auf anderen Ebenen viel besser und leichter als auf der Erde. Sie sind in die Leichtigkeit des Universums eingetreten, wo keine Zeit regiert. Sie können unmittelbar wirken und direkt. Sie sind nicht mehr an die Materie gebunden.

Manchmal verlassen geliebte Wesen die Erde, damit nicht noch Schlimmeres geschieht. Sie führen aus, was Menschen gedacht haben, damit andere bleiben können. Alte Menschen fragen sich oft, weshalb sie noch hier sind und ein kleines Kind gehen „musste". Das Kind hat diesen Weg genommen zum Wohl des großen Ganzen.

Wenn die physische Hülle verlassen wird, dann wird die Seele auf eine Ebene begleitet, die ich das Tor zum Himmel nennen möchte. Es zieht sich die gesamte Energie der Chakren und dieser Seele aus dem Körper heraus, deshalb kann die Seele nun wie in einem Film erleben, was sich in ihrem Leben abgespielt hat. Dies kann je nach den Erfahrungen, die die Seele auf der Erde gemacht hat, sehr schön sein. Oftmals erleben nahe Angehörige diesen Prozess hautnah mit. Sie fühlen Schmerz und Wechselbäder. Je schneller sich die Seele ganz ins Licht begibt, desto angenehmer ist das Loslassen von dem verstorbenen Wesen auch für die Angehörigen.

Was das Loslassen für Angehörige erleichtert, ist, den Platz, der durch den Tod frei wurde, mit etwas zu füllen. Seien es Gebete und die Ausrichtung auf Gott, seien es neue Bekanntschaften, ein neues Hobby, ein neues Haustier. Die Leere schafft Raum für Neues.

Alles Leid schafft, wenn es losgelassen wird, Raum für Neues. Wer die Prozesse des Übergangs bewusst geht, zum Beispiel auch mit Unterstützung eines Spirituellen Lehrers, der Sterbehilfebegleitung macht, der kann viele schöne Momente und wundersame Heilung auch bei sich erleben. Wichtig ist, dass man offen bleibt. Gehst du selber durch einen solchen Prozess, dann schau für dich, was du der geliebten Seele noch sagen möchtest. Wenn sie bereits tot ist, dann sprich mit ihr über deine Gedanken, die du ihr schickst. Du wirst einen Windhauch oder sonst ein Zeichen erhalten, dass die Seele neben dir steht und dich hört. Sie antwortet dir auch durch Gedanken, die zu dir von ihr herüberkommen.

Geliebte Seelen bleiben eine Zeitlang noch sehr nahe bei den Angehörigen, da sie von ihnen durch ihre Gedanken gerufen werden. Manchmal brauchen auch sie Zeit, um loszulassen, weil sie spüren, dass gewisse Menschen sie noch brauchen. Mit einer Sterbehilfebegleitung eines erfahrenen Spirituellen Lehrers kann die Seele leichter und direkt zur Quelle im Kosmos geführt werden.

Ist sich eine Seele am Verabschieden, dann nimm dir die Zeit, die du mit ihr brauchst. Unterstütze sie durch deine Liebe. Wesen, die am Sterben sind, genießen oftmals schöne Musik, angenehme Düfte, Streicheleinheiten, Massagen und Berührungen. Eine liebevolle Hand- oder Fußmassage kann Wunder tun. Mit Energiearbeit und Massagen kann die Seele unterstützt werden, dass ihr Körper gestärkt ist und sie dadurch die Kraft hat loszulassen und der Übergang leichtfällt.

Wichtig ist auch das Verzeihen. Wenn dir noch etwas am Herzen liegt, dann sprich es in Worten aus oder übertrage es in Gedanken an die verstorbene Seele. Je mehr erledigt wurde und geklärt ist, desto leichter ist es auch für ein Wesen, loszulassen und sich vom physischen Körper zu verabschieden. Oftmals inkarnieren Verstorbene wieder in dieselben Familien. Auch Frühgeburten kommen häufig nochmals zu denselben Eltern. Manchmal ist der richtige Zeitpunkt erst später, als es die Eltern im Kopf hatten. Seelen drehen manchmal eine Ehrenrunde, bis der Moment stimmig ist.

Viele Frauen könnten leichter mit einer Frühgeburt umgehen, wenn sie sich bewusst wären, dass die Seele wiederkommt. Sie kann auch eingeladen werden wiederzukommen. Wenn die Mutter und der Vater genau hinfühlen, dann erkennen sie die Seele wieder.

Der Umgang mit dem Tod kann auch leichter sein, wenn ein spiritueller Film zu diesem Thema angesehen wird. Empfehlen kann ich zum Beispiel „Hinter dem Horizont" mit Robin Williams. Weitere Möglichkeiten sind Bücher über Nahtoderfahrungen. Auch die Gespräche mit Menschen, die Tote wahrnehmen, können aufklärend und heilsam sein.

Auch wenn du vielleicht Verstorbene nicht siehst, öffne dich, wenn du bereit dazu bist, für den Kontakt mit Verstorbenen, die dir wichtig sind. Lade sie ein, mit dir gedanklich (mental) ins Gespräch zu kommen, wenn du ihnen noch etwas sagen möchtest.

Gebet zur Unterstützung des Sterbenden

Maria, Mutter Gottes, nimm dieses Wesen in deine Arme und erfülle es mit deiner Liebe. Lass dieses Wesen die reine Liebe auf Erden spüren. Bette es ein in deine Liebe. Gib ihm Geborgenheit, Schutz und Liebe und was es braucht, damit der Übergang leicht, voller Freude und Licht sein darf.

Maria, Mutter Gottes, schicke deine Engel zur Unterstützung in den Tagen bis zum Tod und begleite die sterbende Person anschließend durch das Tor des Todes auf die Ebene der Quelle.

Maria, Mutter Gottes, gib auch den Angehörigen und beteiligten Wesen Kraft und Vertrauen, sodass sie ihr geliebtes Wesen gehen lassen können.

Maria, Mutter Gottes, schaffe einen heiligen Raum der Liebe, damit dieses Wesen in dem Moment in den Tod gehen kann, der für es stimmig ist.

Maria, Mutter Gottes, gib auch mir die Kraft und den Mut und deine Liebe, sodass ich ein liebevoller Begleiter in dieser Zeit bin. Sodass ich das Richtige zur richtigen Zeit sage und tue. Lass mich ein reiner Kanal deiner Liebe sein, sodass dieses Wesen durch deine mütterliche Geborgenheit in deinem Schoss den Tod finden und zum ewigen Leben erwachen darf.

Maria, Mutter, Dank sei deiner Liebe, die uns stärkt, Mut, Kraft und viel Harmonie gibt.

WEG ZUM ERFOLG

Durch das Lesen dieses Buches hast du erkannt, dass du Schöpfer deines Lebens bist. Du bist dir jetzt der Gesetze in den verschiedenen Bereichen deines Lebens bewusst. Sicher lohnt es sich auch immer wieder mal, das Kapitel „Gesetze – Ich manifestiere" durchzulesen. Hier erhältst du Impulse, wie eine glückliche Partnerschaft, schöne Freundschaften, harmonische Familien aussehen und was du machen kannst, damit du diese auch in deinem Leben manifestieren kannst.

In diesem Teil des Buches möchte ich dir Erfolgscharts zeigen, sie sind auch Teil der Ausbildung zum Spirituellen Berater. Diese Charts führen dich zum Erfolg. Schau dir die Grafiken an und lies dir die Texte dazu durch. Vertraue darauf, dass deine geistigen Helfer und deine göttliche Führung dich dabei unterstützten, den Erfolgs- und Reichtumsfluss in dein Leben zu bringen.

Manifestationskreislauf

Ein Medizinrad (Heilungsrad) wird durch die Elemente Äther, Luft, Feuer, Wasser und Erde gebildet. Das Medizinrad ist universelles Wissen, welches die Urvölker noch heute nutzen und leben. Einer der bekanntesten Steinkreise ist Stonehenge in England.

Im Medizinrad werden die fünf Elemente Äther, Luft, Feuer, Wasser und Erde aufgestellt. Der Äther bildet das feinstoffliche Element (er schwingt als Energie in allen Zwischenräumen) und die übrigen vier Element Luft, Feuer, Wasser, Erde bauen die Erde auf. Wird das Medizinrad auf Reichtum ausgerichtet, dann liegt das Element Luft im Norden und das Wasser im Süden.

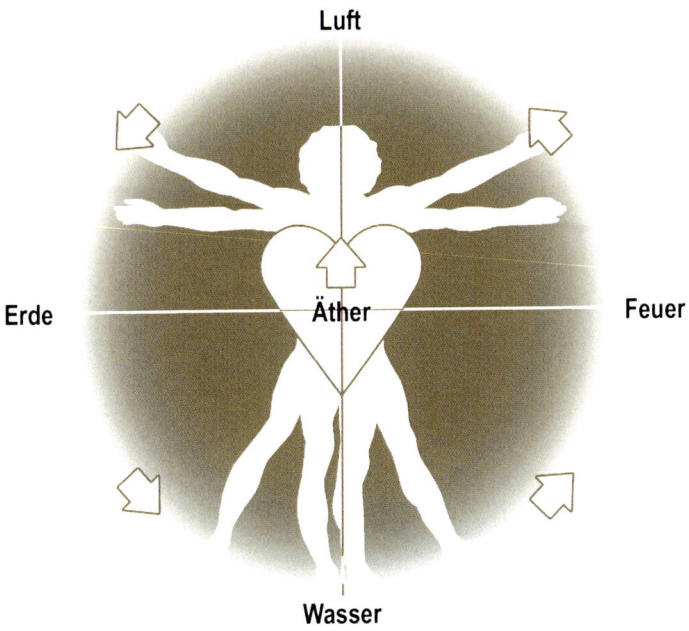

Luft

Erde Äther Feuer

Wasser

Wenn du nun einen Wunsch hast, dann nutzt du die Energie des Medizinrads im Gegenuhrzeiger wie folgt:

1. Äther: Wusstest du, dass alle Ideen, die auf der Erde realisiert werden, bereits feinstofflich (Element Äther) im Kosmos vorhanden sind? Deshalb kommt es immer wieder vor, dass mehrere Menschen dieselben Erfindungen/Ideen auf der Erde umsetzen.
2. Luft: Du hast eine Idee, einen Impuls, und möchtest diesen realisieren (Ziel).
3. Erde: Du schreibst dir dieses Ziel auf ein Blatt Papier auf.
4. Wasser: Du spürst, wie es sich anfühlt, wenn du dein Ziel erreicht hast, zum Beispiel hast du einen wunderschönen schlanken Körper.
5. Feuer: Du setzt dein Ziel wie eine Blumenblüte in deine Aura und nährst sie mit deiner Liebe (energetisches Marketing, vgl. nächster Abschnitt).

6. Geistige Helfer: Deine geistigen Helfer tragen dein Ziel zur Reife. Bitte deshalb deine geistigen Helfer um Unterstützung, damit sich dein Ziel in deinem Leben realisieren kann. Habe Geduld und Vertrauen, dass dein Wunsch sich erfüllt.

Energetisches Marketing

Ich komme aus dem klassischen Marketing und habe schon lange gewusst, dass es ein Erfolgsrezept gibt, welches kostenlos ist. Wenn ich so einen Impuls habe, dann wünsche ich mir, dass ich die Antwort erhalte, wie energetisches Marketing funktioniert. Und wie es so ist, ich wünsche mir etwas und dann kommt es in mein Leben. So funktioniert auch dein Leben. Wünsch dir etwas, und alle unterstützenden Energien um dich herum helfen dir, das Gewünschte in dein Leben zu holen. Manchmal sieht es nach Umwegen aus, doch am Ende kommst du am Ziel an. Deshalb ist es auch so wichtig, dass du den Glauben und das Vertrauen behältst, das heißt, du brauchst auch die nötige Portion Disziplin und die Motivation, auf deinem Weg zum Erfolg zu bleiben. Wenn du auf deinem Weg spürst, dass du dir nun etwas Neues wünschst, dann teile dies deinen geistigen Helfern und Führern mit, sie werden dann eine Richtungskorrektur vornehmen. Auch das ist okay. Du darfst dich jede Sekunde für etwas Neues entscheiden. Deine gesamte Energie und die nötigen Änderungen und Korrekturen in deinem Leben werden dann auf das neue Ziel ausgerichtet. Du bist frei und bleibst es auch. Sei dir bewusst, dass du das Recht auf Glück, Freude, Leichtigkeit und Liebe in deinem Leben hast. Du darfst bereits jetzt den Himmel auf Erden manifestieren. Es ist so schön, einen physischen Körper zu haben, denn so kannst du alles auf Mutter Erde realisieren, und mit dem energetischen Marketing fällt es dir noch viel einfacher. Vieles kommt dann kinderleicht in dein Leben. Energetisches Marketing ist wie Leuchtreklame im Universum. Durch dein Licht strahlst du aus, was du dir wünschst. Du beleuchtest es mit Liebe, damit es strahlt. Je mehr Liebe du hineingibst, desto stärker ist dein energetisches Marketing.

Das Schöne am energetischen Marketing ist, dass es nur wirkt, wenn du dir etwas von ganzem Herzen wünschst. Denn Liebe lügt nicht. Liebe kann nicht manipuliert werden. Wenn du liebst, dann erhältst du, was du dir wünschst. Was jedoch nicht funktioniert ist, dass du Menschen durch deine Liebe zu etwas bringen kannst. Es besteht immer der freie Wille. Jedes Wesen ist frei, Projekte/Ziele mit dir anzugehen. Bedenke das immer. Je mehr Menschen in einem Projekt und auch in eine Gemeinschaft involviert sind, desto komplexer ist es, Ziele zu erreichen. Es funktioniert am leichtesten, wenn ihr dieselbe Ausrichtung, dieselben Einstellungen habt. Wenn Menschen zu verschieden sind, dann ist ein Miteinander herausfordernder. Ihr braucht einen gemeinsamen Nenner, gemeinsame Werte, die das Zusammensein erleichtern. Denn sie sind Leitplanken. Wenn alle respektvoll, voller Liebe und Ehrlichkeit sind, dann braucht es wenig Absprachen.

Ein Projekt/Ziel kann in der Gruppe auch leicht erreicht werden, wenn einer die Führung hat und eine klare Aufgabenteilung besteht. Außerdem sollte der Umgang miteinander abgesprochen werden oder vom Herz her für alle klar sein, also zum Beispiel die Fragen: Wie gehen wir miteinander um? Wie ist der Umgangston?

Energetisches Marketing

1. Drei Ziele aufschreiben, auf die du dich heute ausrichten möchtest.
2. Chakra reinigen:
   - Ins Herz gehen, mit Urquelle und Herz von Mutter Erde verbinden.
   - Gleichzeitig die Energie (Prana) von Himmel und Erde ins Herzchakra atmen (Herzatmung).
   - Eigene Liebe im Herzen ausdehnen (Lungenflügel komplett öffnen = Tore deines inneren Tempels).
   - Herzenswünsche über die Liebe aus deinem Herzen ausstrahlen (du kannst auch Dinge in dein Leben einladen wie zum Beispiel einen liebevollen Partner, Geld für die nächsten Ferien etc.).

Mit Unterstützung deiner geistigen Helfer kannst du noch viel mehr erreichen. Es sind Dinge möglich, die durch menschliches Handeln nicht verwirklicht werden können. Deshalb glaube und vertraue. Folge deinem Herzen. Schick deine Wünsche mit viel Liebe genährt ins Universum und beleuchte (Neonlichtwerbung) deine Wünsche, damit sie gesehen werden und bitte deine geistigen Helfer um Unterstützung und deine geistigen Führer um Führung.

Energiefluss → Geldfluss

Für den nötigen Fluss in deinen Projekten sorgt der Fünf-Element-Kreislauf, welcher auch in der chinesischen Medizin genutzt wird. Dadurch kannst du den Geldfluss und den Fluss für all deine Projekte und Ziele ankurbeln. Am besten schreibst du dir diesen Elementfluss auf ein Blatt Papier auf. Schau ihn immer wieder an, wenn du etwas zum Fließen bringen möchtest. Außerdem kannst du einen Wunsch aufschreiben und ihn auf den Element-kreislauf legen. Dieser Kreislauf ist Basis des energetischen Feng-Shui, welches ich selber für mich anwende und in der spirituellen Berater Ausbildung lehre.

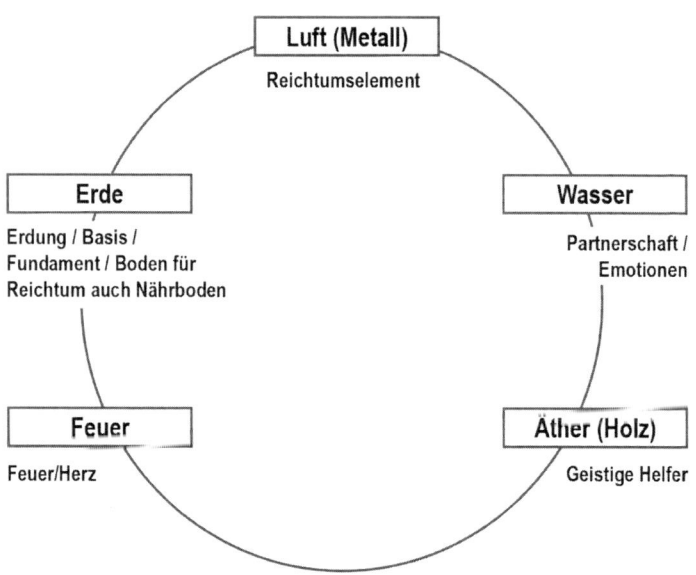

Weitere Maßnahmen, wie du dich und du dein Leben in Fluss bringen und den Geldfluss anregen kannst:

- Gesunde und ausgewogene Ernährung
- Energetische Arbeit (neue Heilmethoden, die den Energiefluss anregen)
- Energetisches Feng-Shui für Haus, Unternehmen, Mensch
- Harmoniser (diese Produkte findest du auf meiner Homepage www.bernardi.li)

SEGNUNG – ICH SEGNE DICH MIT LIEBE

Ich segne dich mit Liebe und umgebe dich mit Licht. Dein Licht liebt und schützt dich. Das Siegel der Liebe soll dich schützen und dafür sorgen, dass sich deine Wünsche erfüllen.

Segnest du ein Projekt oder einen Menschen, dann stellst du sie unter den göttlichen Schutz. Schenkst du jemandem den Segen, so finden die Engel den Weg zu diesem Wesen und sie wissen, dass sie dort Licht hinbringen sollen. Licht ist Heilung. Licht ist Nahrung. Licht ist die Liebe Gottes, die dich nährt. Aus reinem Licht bist du entstanden. Das Licht hat dir den Weg gewiesen. Das Licht zeigt dir noch heute den Weg. Immer wenn es dunkel ist, kommt ein Licht, das dich wieder auf den Weg bringt. Sei es Vogelgezwitscher, ein Lächeln eines geliebten Menschen oder aufmunternde Worte. Licht ist immer und überall.

Schenke auch du Licht. Segne, was dir begegnet, sodass die Welt wieder mit dem reinen Gotteslicht durchflutet wird.
Es werde Licht. Es werde leicht. Es werde, was du dir schon immer gewünscht hast.

Hallo, liebes Erdenlicht. Leuchte in deinem himmlischen Schein und bezaubere dich und dein Umfeld. Leuchte, scheine und strahle. Du bist wunderschön. Du bist ein Wunder für die Welt. Ich schenke dir heute das Gotteslicht. Es soll dich in deinem Kopf, deinem Herzen, an deinen Händen berühren und durch deinen gesamten Körper strömen. Du darfst heil sein.
Heile dich und die Welt durch dein Licht.

Merkaba-Segnung

Du kannst mit dem Finger, mit einem brennenden Räucher-stäbchen oder gedanklich die Segnung machen. Die Merkaba-Segnung funktioniert wie folgt:

1. *Ich segne dich*
2. *In*
3. *Liebe*
4. *Umhülle dich mit Licht (Start oben und im Uhrzeigersinn umkreisen)*

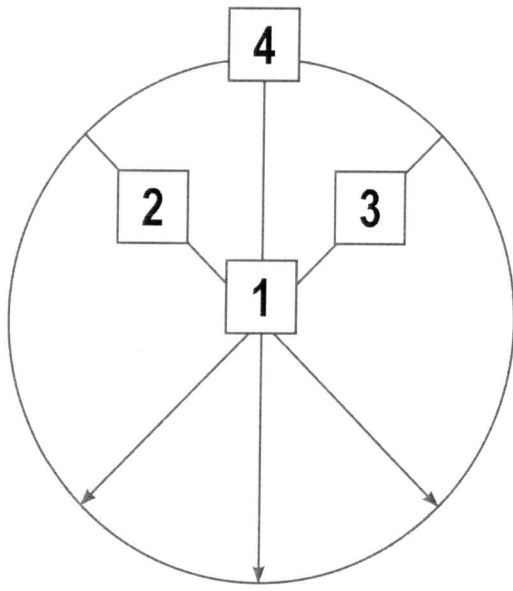

DANKSAGUNG

„Willst du immer weiter schweifen. Sieh das Gute liegt so nah.
Lerne nur das Glück begreifen, denn das Glück ist immer da."
(Goethe)

Ich möchte von Herzen den zwei Menschen danken, welche mir
die Liebe und das Bewusstsein gebracht haben. Danke Eliane,
danke Beat. Ich danke euch von Herzen für eure unbewussten und
auch bewussten Botschaften in Liebe und Bewusstsein. Ihr seid
in mein Leben getreten und es hat eine wunderschöne Weiterentwicklung gegeben. Danke auch an meinen Mädels Luana, Mia
und Aira und Alexandra, meine liebe Freundin und Assistentin,
die den Weg in Liebe und Bewusstsein im BERNARDI-
Zentrum der Liebe mit mir gehen. Ich habe euch alle sehr lieb.
Danke. Danke auch an alle, die mir immer zur Seite stehen und
gestanden sind. Herzlichen Dank auch an die vielen Kunden,
die immer wieder einen Samen in ein Coaching bei mir mit-
bringen. Ihr bringt mir dadurch noch tiefere Erkenntnisse, welche
ich liebend gerne auch wieder in meinen Ausbildungen weiter-
gebe. Denn mein tiefer Wunsch ist es, dass wir den Himmel
auf Erden manifestieren und unser Körper ganz Licht und Heil
ist. Das ist Erleuchtung im physischen Körper. Jedes Licht ist
Heilung für alle Welten.

Tiefe Dankbarkeit an dieser Stelle auch meiner lieben Mami, die
mir in meiner Kindheit geholfen hat, dass ich mein Wesen bewahren konnte und die mich noch heute so sein lässt und liebt,
wie ich bin. Ich liebe dich.

Loka samasta sukhino bhavantu –
Mögen alle Wesen in allen Welten glücklich sein und
Frieden im Herzen finden.

Om – Shanti, Shanti, Shanti, Shanti,
Shanti, Shanti, Shanti, Shanti
Friede dem großen Ganzen
Friede sei mit mir und mit meinem Geiste.

Die Autorin

Lara Bernardi ist Betriebsökonomin FH, spirituelle
Lehrerin und Mama von drei Mädchen. Sie verfasste
zahlreiche Fachartikel für Wirtschaftsmagazine
und ist Autorin von mehreren Büchern und einer
Business-Meditations-CD. Lara ist eine ganzheitliche
Persönlichkeit, die den Weg des Herzens (Liebe) und
des Bewusst-Seins geht. Als spirituelle Lehrerin berät
sie ganzheitlich durch ihre Klarsicht und Klarheit.
Außerdem bietet Lara Ausbildungen in Medialität,
spirituelle Beratung und neue Heilmethoden an sowie
zahlreiche Seminare zum Thema glückliches und
gesundes Sein.

Seit ihrer Kindheit steht sie in Kontakt mit den
feinstofflichen Ebenen. Sie sieht, fühlt und versteht
Energien. Dadurch kann sie ihre Kunden zu allen
Themen beraten. Lara hat die Begabung, die
Menschen ganzheitlich zu erfassen und ihnen zu
zeigen, wer sie sind und was sie können, damit sie ihr
Leben in Reichtum leben können.

Durch ihre langjährigen praktischen Coaching-
Erfahrungen entwickelte Lara das BERNARDI Profile®
eine Persönlichkeits- und Potenzialanalyse.

Die Autorin

Lara Bernardi ist Betriebsökonomin FH, spirituelle Lehrerin und Mama von drei Mädchen. Sie verfasste zahlreiche Fachartikel für Wirtschaftsmagazine und ist Autorin von mehreren Büchern und einer Business-Meditations-CD. Lara ist eine ganzheitliche Persönlichkeit, die den Weg des Herzens (Liebe) und des Bewusst-Seins geht. Als spirituelle Lehrerin berät sie ganzheitlich durch ihre Klarsicht und Klarheit. Außerdem bietet Lara Ausbildungen in Medialität, spirituelle Beratung und neue Heilmethoden an sowie zahlreiche Seminare zum Thema glückliches und gesundes Sein.

Seit ihrer Kindheit steht sie in Kontakt mit den feinstofflichen Ebenen. Sie sieht, fühlt und versteht Energien. Dadurch kann sie ihre Kunden zu allen Themen beraten. Lara hat die Begabung, die Menschen ganzheitlich zu erfassen und ihnen zu zeigen, wer sie sind und was sie können, damit sie ihr Leben in Reichtum leben können.

Durch ihre langjährigen praktischen Coaching-Erfahrungen entwickelte Lara das BERNARDI Profile® eine Persönlichkeits- und Potenzialanalyse.

Loka samasta sukhino bhavantu –
Mögen alle Wesen in allen Welten glücklich sein und
Frieden im Herzen finden.

Om – Shanti, Shanti, Shanti, Shanti,
Shanti, Shanti, Shanti, Shanti
Friede dem großen Ganzen
Friede sei mit mir und mit meinem Geiste.

novum VERLAG FÜR NEUAUTOREN

Der Verlag

Wer aufhört
besser zu werden,
hat aufgehört
gut zu sein!

Basierend auf diesem Motto ist es dem novum Verlag
ein Anliegen neue Manuskripte aufzuspüren, zu ver-
öffentlichen und deren Autoren langfristig zu fördern.
Mittlerweile gilt der 1997 gegründete und mehrfach
prämierte Verlag als Spezialist für Neuautoren in
Deutschland, Österreich und der Schweiz.

Für jedes neue Manuskript wird innerhalb
weniger Wochen eine kostenfreie, unverbind-
liche Lektorats-Prüfung erstellt.

Weitere Informationen zum Verlag und
seinen Büchern finden Sie im Internet unter:

www.novumverlag.com